한국 최초의 여의사 김점동

큰 별 되어 조선을 비추다

"누구든지 이런 것에서 자기를 깨끗하게 하면
귀히 쓰는 그릇이 되어 거룩하고 주인의 쓰심에 합당하며
모든 선한 일에 준비함이 되리라 **디모데후서 2:21**"

불꽃처럼 살다 간 梨花人
한국 최초의 여의사 김점동

큰 별 되어 조선을 비추다

최혜정 지음

목차

프롤로그   김점동이 이화에 남긴 메시지 ◦ 006

제1장
한 알의 밀알들

라벤나의 볼드윈 여사 ◦ 014
보스턴의 가우처 박사 ◦ 020
미국 선교사 파견의 1등 공신 이수정 ◦ 029
조선 외교의 치열한 현장, 정동 ◦ 034

제2장
김점동

조선의 첫 여 선교사 스크랜턴 대부인 ◦ 048
조선의 첫 민간 병원, '시병원' ◦ 053
정동에 문을 연 이화학당 ◦ 060
김홍택과 네 딸 ◦ 066
이화학당의 네 번째 학생 ◦ 072

제3장
김에스더

점동에서 에스더로 ∘ 082
여성 전문 병원 보구여관 ∘ 086
외국인들이 아이를 잡아먹는다? ∘ 091
윌리엄 제임스 홀과 로제타 셔우드 ∘ 094
소녀 통역사와 로제타 셔우드의 만남 ∘ 101

제4장
박에스더

김에스더에서 박에스더로 ∘ 114
하나님이 열어주신 길은 어느 곳이든 갈 것 ∘ 124
청일전쟁과 닥터 홀의 죽음 ∘ 132
남편과 함께 미국 유학길에 ∘ 137
홀 기념병원과 광혜여원,
그리고 에디스마거리트 어린이 병동 ∘ 143
남편과의 사별, 의학사 취득 ∘ 148
의사선교사로 귀국 ∘ 155
가마와 나귀 타고 순회전도 ∘ 165
맹인교육과 간호사 교육 ∘ 172
고종황제로부터 은장 받다 ∘ 176
34년간 타오른 불꽃 사그라들다 ∘ 182

에필로그
또 다른 김점동을 기다리며 ∘ 194

책을 쓰고 나서
대선배의 전기를 쓰게 하신 주님의 그 깊은 뜻은 ∘ 202

/ 프롤로그 /

김점동이
이화에 남긴 메시지

"나는 하나님이 나를 위해 열어 주신 길은 어느 곳이든 갈 것입니다."

우리나라 최초 여의사 김점동은 이렇게 기도하고 의사의 길을 선택하였습니다.

이화학당의 네 번째 학생-첫 번째 학생은 고관의 부인으로 영어를 배우고자 들어와서 병으로 석 달만에 그만두었으며 두 번째 학생은 배움보다는 먹고 살기 위하여, 세 번째 학생도 병들어 서대문 성 밖에 버려진 엄마와 함께 있다가 스크랜턴 의사(스크랜턴 학당장의 아들)에 의해 이화에 들어왔으니, 진정한 의미의 학생으로 치자면 첫 번째 학생이라고도 할 수 있겠습니다 - 으로 들어와 우리나라 최초의 여의사가 되었다는 것은 이화 교육의 의미 있는 성과라고 할 수 있습니다.

이화의 대선배 김점동이 몸을 던져 이화의 후배들에게, 아니 우리 모두에게 남겨준 교훈은 참으로 크고 깊다 할 수 있습니다.

첫째, 한번 하나님께 순종하기로 서약한 후로는 수많은 어려움에 부닥치면서도 흔들리지 않고 기도하는 굳건한 믿음을 가졌다는 것입니다. 김점동은 이화학당 기숙사에서 매일 저녁 친구들을 불러 모아 기도회를 열곤 하였는데, 이것이 바로 우리나라 기도회의 시작이었습니다. 이후 김점동은 모든 일을 할 때에, 심지어 결혼을 결심할 때에도 기도로 먼저 강구하고 그것이 하나님의 뜻이라는 판단이 서면 바로 실행에 옮기는 진정한 신앙인이었습니다.

둘째, 나 혼자만의 안락한 삶을 추구하지 않고 남을 위하여,

이 사회와 나라를 위하는 마음으로 자신의 진로를 결정하였습니다. 본래 김점동은 영어 통역은 좋아하였으나 의사 일은 싫어하였습니다. 칼로 째고 피가 튀기는 수술실에서의 통역은 더욱 무서워하였습니다. 그러나 어느 날 언청이 환자가 수술을 통하여 멀쩡해지는 광경을 목격하고는 자신도 아픈 사람을 낫게 하고 목숨을 살리는 의사가 되기로 결심합니다. 자신의 편안한 삶을 위하여 의사의 길을 택한 것이 아닙니다.

만일 그가 자신의 안위만을 추구하여 의사가 되기로 하였다면, 미국 의과대학에서 뛰어난 성적으로 졸업한 점동을 놓치기 아까워 한 교수가 써준 추천서를 가지고 미국의 병원에서 일했을지도 모르는 일입니다. 그러나 점동은 그 매력적인 제의를 마다하고 조국의 가난하고 병든 사람들에게 몸 바치기 위해 의사선교사로 귀국하였습니다.

그리고 서울 보구여관과 평양 광혜여원에서 환자들을 치료했으며, 황해도와 평안도 일대를 돌며 무지몽매한 삶을 살아가고 있는 사람들에게 보건위생 교육을 시키는 한편, 전도를 통하여 정신적인 치유 활동에 헌신하였습니다. 정작 자신의 몸은 폐결핵으로 병들어가고 있는데도 말입니다.

　셋째, 오늘날 이화의 아름다운 전통이 된 기부 문화를 김점동은 몸소 보여주었습니다. 김점동이 활동할 때의 우리나라는 준비되지 않은 개방으로 세계열강에 의해 바람 앞의 촛불처럼 흔들리고 있었습니다. 특히 중국과 일본은 어떻게든 우리나라를 자기 나라로 끌어들이려 호시탐탐 하였고 결국 일본에 나라를 빼앗기는 지경에까지 이르게 됩니다. 김점동이 미국에 유학 중인 1896년 조국에서는 독립협회가 결성되어 정부의 외세의존정책에 반대하며 자주독립과 정치개혁을 외쳤습니다. 그리고 자주독립의 상징으로 서대문에 있는 영은문(迎恩門, 중국 명나라 사신을 맞이하는 모화관 앞에 세워진 문) 자리에 독립문을 건립하는 운동을 펼쳤습니다. 이 소식을 들은 김점동은 3원의 성금을 보냈습니다. 남편이 농장에서 허드렛일을 하며 번 돈으로 학비와 생활비를 충당해야 하는, 어려운 형편에서도 점동은 조국을 위하여 기꺼이 성금을 낸 것입니다. 1910년대 쌀 한 섬이 3원 정도였다고 하니 결코 적은 돈이 아니었으나, 오직 나라 사랑하는 마음이 컸기에 점동은 앞장서 성금을 보낼 수 있었을 것입니다.

이 외에도 점동은 오르간을 배워 일요일 오후 진료실에서 예배를 볼 때 오르간을 연주하며 예배를 인도하였다고 합니다. '고개 들면 노래하고 고개 숙이면 기도하는' 이화의 전통은 이렇게 이화학당 초창기부터 비롯된 것이 아닐까요?

34년의 짧은 생이었지만, 이 땅의 여성들을 깨우치기 위하여, 아픈 사람들을 치유하기 위하여, 그리고 이 나라의 안녕을 위하여 그야말로 자신을 희생한 김점동 선배야말로 이화 창립의 의미를 보여준 진정한 이화인이라고 할 수 있습니다.

2013년에 지어진 이화의 기숙사 '이화학사 김점동관'에서는 오늘도 열심히 공부하고 있는 이화 후배들이 있습니다. 그 후배들

중에서 제2, 제3의 김점동이 탄생하여 더욱 더 이화를 빛내고 이 나라를 위하여 봉사하리라 기대하여 봅니다.

2014년 12월
이화여자고등학교 총동창회

제 1장

한 알의 밀알들

"그 부인은 일어서더니 말하기를 자기에게 약간의 돈이 있는데
그것을 하나님께 바치기로 결심했노라 하였습니다. 그러면서 그 돈을
선교회에 맡겨 두어 적당한 때에 한국이 문을 열고 복음을 받아들이게 될 때
사용하기를 바란다고 소원을 말하였습니다. 그 부인은 그 돈이 기초가 되어
더 많은 기금이 빨리 모아져 한국에 있는 부인과 소녀들이 예수 그리스도 안에 있는
진리를 깨닫게 되는 데 사용하기를 간절히 소원한다고 했습니다."

라벤나의 볼드윈 여사

'여성이 여성에게 복음을 전하자!'

1869년 미국에서는 감리회 해외여선교회(The Women's Foreign Missionary Society of the Methodist Episcopal Church)가 조직되었다.

1860년대 미국은 남북전쟁으로 싸움터에 나간 남자들을 대신하여 여성들의 역할이 두드러지게 되었다. 이후 여성들의 의식이 변화되어 정치 참여와 여권 신장으로 이어졌으며 종교계에서는 외국 선교 사업이 펼쳐지고 있었다.

인도 선교 사업도 그 중 하나였다. 당시 인도는 오랫동안 내려온 관습으로 인하여 여성은 교육을 받을 수 없었고, 남성들을 멀리 하였다. 때문에 인도에 파견된 남성 선교사들은 여선교사의 필요성을 호소하였다.[1] 인도에서 선교 사업을 원활하게 진행하려면 여성 선교사를 파견해야 한다는 결론에 도달하여 미감리회 해외여선교회가 결성된 것이다.

미감리회 해외여선교회는 인도에 여의사를 파견하여 여성과 어린이를 위한 의료 사업과 고아 사업을 전개하였고 여성 교육 기관을 세워 여성의 문맹 퇴치를 위해 노력하였다. 미감리회 해외여선교회의 이러한 사업은 중국 일본 조선 등 아시아 여러 나라와 불가리아 이탈리아 등지로 활동 범위를 넓혀 나갔다.[2]

미감리회 해외여선교회와 조선의 만남은 운명처럼 다가왔다. 1883년 9월 미국 오하이오 주 라벤나 시에서 열린 지방선교회 회의에서였다. 본래 이 회의는 인도와 일본 여성을 위한 선교 사업이 주 안건이었고 조선의 여성들에게는 어느 누구도 관심을 두지 않은 상황이었다.

이때 볼드윈(L. B. Baldwin)이라는 한 부인이 일어나 조선 여성을 위한 특별 선교 헌금을 바치며 조선 여성을 위한 선교를 제안하였다. 당시 미감리회 해외여선교회 서기였던 스크랜턴 부인은 이렇게 기록했다.

"미감리회 해외여선교회의 한국 사업은 1883년 9월 오하이오 주 라벤나 작은 도시에서 시작된 것으로 볼 수 있습니다. 지방 선교회 모임이 그 곳에서 열렸는데 당시 주된 관심은 일본과 인도 사업에 있었습니다. 그날 연사로 나온 사람들 머릿속에는 아직도 문이 열리지 않은 한국에 대한 생각은 없었습니다. 그런데 한 나이 많은 부인이 있어 하나님께서 그의 마음과 눈을 열어 주셔서 거기에 있던 다른 사람들이 잊고 있던 것을 보고 느끼게 해주셨습니다. 그 부인은 일어서더니 말하기를 자기에게 약간의 돈이 있는데 그것을 하나님께 바치기로 결심했노라 하였습니다. 그러면서 그 돈을 선교회에 맡겨 두어 적당한 때에 한국이 문을 열고 복음을 받아들이게 될 때 사용하기를 바란다고 소원을 말하였습니다. 그 부인은 그 돈이 기초가 되어 더 많은 기금이 빨리 모아져 한국에 있는 부인과 소녀들이 예수 그리스도 안에 있는 진리를 깨닫게 되는 데 사용하기를 간절히 소원한다고 했습니다. 바로 이때부터 이 어두운 땅을 위해 하늘에 드리는 기도가 시작되었을 것이 틀림없습니다."

볼드윈 부인이 어떻게 조선을 알게 되었고, 특별히 조선의 여성에게 관심을 갖게 되었는지는 잘 알 수 없다. 그리고 이 회의에서는 더 이상의 조선 선교에 대한 논의도 없었다. 그러나 1년 후 볼드윈 부인의 적은 헌금과 기도는 한 알의 겨자씨가 되어 이 땅에 뿌려져 자기 이름도 갖지 못한 여성들에게 이름을 부여했으며 그들에게 밝은 등불이 되었다.

2007년 여름 미 감리교 창립 150주년 기념 행사에 초대 받아 오하이오 라벤나를 찾은 이화여고 동창들은 볼드윈 부인의 묘소를 둘러보며 보은의 뜻으로 해외 선교를 위한 88달러 모금을 시작하였다. 2년만에 26만 달러를 모은 이화여고 동창들은 128년 전 볼드윈 부인이 그러했듯, 저개발국 여성들의 교육을 위해 미감리회 해외여선교회에 기부하였다.

이화로 시작된 교육이 한국 여성들의 삶을 바꾸고 사회와 나라를 발전시켰듯이 제3세계 어려운 소녀들에게 교육의 기회를 주어 그들의 삶이 바뀌고 그 나라를 위해 이바지하는 인물로 자라난다면, 그것이야말로 볼드윈 부인의 뜻이 완성되는 아름다운 기부이며 또한 이화 교육의 완성일 것이다.

라벤나에 있는 볼드윈 부인의 묘소.

보스턴의 가우처 박사

볼드윈 여사가 조선 여성을 위한 기도와 선교 헌금을 할 무렵, 또 다른 운명적인 만남이 있었다. 바로 존 가우처(John F. Goucher, 1845~1922) 박사와 미국에 파견된 조선사절단과의 만남이었다.

'조용한 아침의 나라' 조선은 1876년 강화도조약을 시작으로 세계열강들과 원하든 원치 않든 통상조약을 맺어야 했다. 강화도조약은 일본과 맺은 통상조약으로, 조선 진출을 꾀하려는 일본이 일으킨 운요호 사건이 계기가 되어 맺게 된 조약이다. 이 조약은 일본의 식민주의적 침략의 시발점이 되었으며, 조선 내에서는 척사위정 세력이라는 소위 수구파와 개화 세력 사이의 대립이 일어나는 계기가 되었다.

한편 아시아로 세력을 확장해 나가고 있는 유럽과 미국 등도 굳게 닫힌 조선의 문을 두드려 왔다. 1882년 미국과 맺은 조미수호조약(한미수호조약)은 서양과 맺은 최초의 조약이었다.

이 조약을 체결함으로써 조선은 자주 독립국가의 일원으로 국제사회에서 주권국가로 인정받게 되었다. 또한 장차 다른 구미 열강과 조약을 맺는데 있어 하나의 본보기가 되어 국제 외교의 다변화를 가져오게 되었을 뿐 아니라 구미 선진 문물을 받아들이는 길을 여는 단초가 되었다.

미국은 조미수호조약에 의해서 1883년 3월 서울 정동에 대사관을 설치하고 푸트(Foote) 공사를 조선에 파견하였다. 같은 해 8월 조선도 미국에 사절단을 파견하였는데 이는 조선이 문을 열어줘서 고맙다며 조선의 고위 인사를 초청해 미국 견학을 시켜주겠다는 미국의 제의로 이뤄졌다. 고종은 중전의 친척이었던 민영익을 특명전권공사로 임명하고 부(副)공사에 홍영식, 서기관에 서광범, 수행원에 유길준, 고영수, 변수, 현광택, 최경석 등 개화파로 구성된 8명의 사절단을 미국에 파견하기로 하였다.

1883년 7월 26일 사절단은 미국인 퍼시벨 로웰(Percival Lawrence Lowell)과 일본인 통역관 미야오카 쯔네치로(宮岡恒次郎), 그리고 중국인 통역관의 인도 하에 제물포를 출발하였다. 푸트 공사가 타고 온 미 해군 함정을 타고 태평양을 건너게 된 것이다. 미국 샌프란시스코에 도착한 것은 9월 6일이었으니 짐작컨대 그 한 달여간 망망대해를 건너는 심정은 설렘보다는 두려움이 훨씬 더 컸을 것이다.

　샌프란시스코에 도착한 사절단은 다시 시카고를 거쳐 워싱턴, 뉴욕으로 가는 대륙 횡단 기차에 올랐다. 미국 대통령 아서(Chester A. Arthur)와 만나 국서를 전하고 양국간의 우호와 교역을 논하는 것이 이들 사절단의 임무였기 때문이다.

　그런데 신기하기로는 미국인들의 눈에 비친 동양인의 모습이 더 하였다. 작은 눈과 낮은 코의 동양인 여덟 명이 똑같이 이상한 검정 모자(갓)를 쓰고 흰 코트(도포)를 펄럭이며 다니는 모습은 어디에서나 눈에 띄었을 것이다.

　사절단 일행이 탄 기차가 대륙을 횡단하여 볼티모어 역에 정차했을 때, 한 신사가 사절단이 있는 기차 칸에 올라탔다. 다른 미국인들이 내내 곁눈질을 하며 이상한 동양인들을 보고 있을 때 이 신사는 사절단에게 커다란 관심을 보이며 말을 걸어 왔다. 그는 바로 미국 감리회 목사이며 나중에 볼티모어여자대학을 창설한 존 가우처(John F. Goucher, 1845~1922) 박사였다.

"복음이 모든 민족에게 전파될 때에야 주님께서 오신다"는 말씀을 늘 가슴속에 품고 있었던 가우처 목사는 멀리 조선이라는 곳에서 온 저 사람들이 신기하기보다는 과연 조선에도 복음이 전파되었는지가 더 궁금했다.

가우처 목사는 통역을 사이에 두고 사절단 일행에게 조심스럽게 말을 걸었다.

"반갑습니다. 나는 코리아의 역사와 사상에 대하여 많은 관심을 가지고 있습니다. 일본과는 자주 왕래가 있는 편입니다. 국제 정치적 교류만이 아니라 우호 관계로 서로를 이해하길 원합니다. 인간의 보다 근본적인 교류말입니다."

"보다 근본적인 인간관계라는 것이 통상을 통한 어떤 것입니까? 문화교류를 말합니까? 아니면 민간인끼리 오고가는 것을 뜻합니까?"라고 민영익은 가우처 목사에게 되물었다.

가우처 목사는 매우 신중한 태도로 입을 열었다.

"말하자면 그런 것이 되겠지요. 하지만 학교를 세우고 병원을 짓고 의사가 병을 고치는 그런 일을 인간의 양심 이상의 힘으로 할 수 있는 사람들이 따로 있습니다. 그들이 코리아로 갈 수 있기를 바랍니다."

"그들은 특별한 사람입니까?"

"사명감을 가지고 헌신적으로 일하는 사람들입니다."

사절단 일행과 가우처 목사는 그렇게 3일간을 같은 기차를 타고 가며 친해질 수 있었고 가우처 목사는 한국에서의 선교 가능성을 발견하였다.

가우처 목사는 1883년 11월 뉴욕에 있는 감리회 선교부에 한국의 사정을 소개하고 한국 선교를 시작할 것을 제안하는 편지와 함께 선교 기금 2천 달러를 보냈다. 그리고 미국 감리교에 여론을 일으키기 위해 감리회 기관지 편집장인 버클리 박사를 움직여 한국 선교를 주장하는 글을 15회 이상 연재하면서 선교 기금 모금에 앞장섰다. 그러자 여러 곳에서 선교 기금을 보내왔다.

가우처 목사는 이미 미국 내 개척 교회 지원은 물론이고 중국과 일본, 인도 등 아시아 지역 선교를 위한 기금 마련과 선교사 파견 등을 하고 있었다. 1880년 중국 푸저우(福州)에 신학과를 개설했고 텐진(天津)에 여성병원 개원, 칭다오(靑島)에 화서연합대학을 설립하는데 지원했으며 1874년에는 일본 청산학원(靑山學院大學)의 전신인 여자초등학교와 경교학사(耕敎學舍)를 지원했다. 또한 북인도에 60개의 가우처 학교를 세워 최하위 계층 어린이들과 종교를 불문한 아이들, 여성들에게도 교육을 받게 했다.

그러나 가우처 목사의 이러한 노력에도 불구하고 미감리회 선교부에서는 조선에서의 선교가 시기상조라 생각해, 소극적으로 반응했다.

가우처 목사는 일본에서 선교 활동을 하고 있는 친구 맥클레이(Robert S. McClay) 선교사에게 편지를 보냈다. 조선이 과연 어떻게 생긴 나라인지 답사를 한 후 선교지를 물색해 주기 바란다는 내용이었다. 맥클레이 목사 부부는 1884년 6월 선교의 가능성을 알아보기 위해 조선을 방문하였다. 정동 미국 공사관에서 머물며 김옥균을 통해 조선 정부에 선교 허가를 요청하였다. 맥클레이 목사는 1880년 일본에 수신사로 왔던 김옥균과 잘 알고 지내는 사이였다. 그는 김옥균에게 조선에서 기독교 사업을 시작하고자 한다는 청원서를 보내 왕에게 건의해 줄 것을 부탁하였고, 김옥균은 이 문서를 왕에게 전달하였다.[8]

이 무렵, 미국 공사관의 의사로 와 있는 알렌(Horace N. Allen, 1858~1932) 선교사가 갑신정변 때 부상을 당한 민영익을 치료해 주는 일이 있었다. 그렇지 않아도 개신교를 통해 선진 문명을 받아들이자는 개화파들의 요청이 있던 차에 서양 의술의 신기함을 경험한 고종은 학교와 병원은 설립해도 좋다는 제한적인 선교 허락을 내렸다.[9]

당시 통역으로 참석했던 윤치호는 일기 속에 그 날의 사실을 이렇게 적었다.

"주상께서 미국 상선이 내해를 항해하는 일을 허락하셨다. 또한 미국인이 병원과 학교 설립하는 일도 허락하셨다. 또한 전신을 설립하는 일도 허락하셨다."

마침내 허락을 받아낸 맥클레이는 뉴욕에 있는 감리교 선교부에 고무적인 보고를 하였고, 이에 따라 한국 선교 헌금을 호소하였다. 그 결과 가우처 목사의 2,000달러를 포함, 총 5,000달러가 조선 선교 헌금으로 책정되었다.

그리고 조선에서 활동할 선교사를 선발하였는데, 당연히 의료와 교육 사업의 적임자들로 구성하였다. 이에 아펜젤러(Henry G. Appenzeller, 1858~1902)[10]와 의사 스크랜턴(William B. Scranton, 1856~1922)[11]이 교육과 의료 사업을 담당할 조선 파견 선교사로 임명되었다.

이후 가우처 목사는 배재학당과 이화학당 등 고등 교육에 관심을 갖고 지원을 하였으며 언더우드와 협력해 조선기독교대학이 연합대학이 되는 데에도 많은 지원을 했다. 가우처 목사는 1910년 조선 선교 25주년 기념, 1917년 배재학당 아펜젤러 기념관 기공식 등 모두 여섯 차례에 걸쳐 한국을 방문하였다. 한편

2010년에는 배재학당 설립 125주년을 맞아 선교사 가우처 박사의 업적을 조명하는 국제학술포럼을 열어, 한국 선교에 커다란 공헌을 한 가우처 박사를 기리기도 하였다.

미국 선교사 파견의 1등 공신
이수정

 그런데 미감리회 해외여선교부가 조선의 여성들을 위해, 여선교사를 보내게 된 데에는 이수정이란 인물의 선구자적인 노력도 숨어있음을 간과해서는 안 된다.

 '조선의 마케도니아인'[12]으로 불리는 이수정(李樹廷, 1842~1886)은 명성황후를 시해하려 일어난 임오군란(1882년 6월 9일) 때 생명의 위험을 무릅쓰고 민비를 구출해 충주로 피신시켰다가 무사히 환궁하는데 공을 세운 인물이다. 고종은 생명의 은인이라고 치하하면서 벼슬을 내리려 했으나, 이수정은 사양하는 대신 일본의 근대적인 법률과 체신, 농법을 공부하여 조선의 장래에 기여하겠다며 일본수신사의 비공식 수행원으로 임명해 줄 것을 간청하였다.

1882년 박영효의 수행원이 되어 일본수신사에 편승한 이수정은 일본에 가서는 수신사와는 별도로 움직이면서 농법 등을 공부할 계획을 잡았다. 그는 친구의 소개장을 들고 농학자이며 기독교인으로 유명한 쓰다센(津田仙)을 찾아갔다. 농학자 쓰다센은 미국 유학을 통해 서양의 농업기술을 일본에 적용해 일본의 농업 기술을 발전시켰을 뿐 아니라 복음을 받아 들여 일본 기독교계에서는 유명한 사람이었다. 쓰다센은 이수정에게 성경을 선물로 주면서 "공자의 빛이 이 방안을 밝히는 등불이라고 한다면 여기 성경에 나오는 예수는 이 세상을 비추는 태양과 같아서 이 세상 그늘진 곳까지도 다 밝게 비칠 수 있다"고 복음을 전했다. 동경외국어학교 조선어 교사로 일하면서 성경을 읽던 이수정은 마음의 변화를 느껴 1883년 4월 세례를 받았다.

그는 당시 일본에 있던 미국인 감리교 선교사 맥클레이(R.S. Maclay), 장로교 선교사 낙스(G. W. Knox), 미국 성서공회 루미스(Henry Loomis) 목사와도 각별한 관계를 맺으며 그들로 하여금 조선에 대한 관심을 불러일으키게 하였다. 또 미국 선교잡지에 조선 선교에 관한 청원을 두 차례나 보내 미국 선교사가 한국에 파견될 수 있도록 하는데 영향을 미쳤다.

"미국 사람들이여, 조선에 선교사를 보내 주시오. 조선은 아직도 선교의 문이 닫혀 있어 문명의 혜택을 받지 못하고 예수님을 모르는 채 어두움 속에서 가난과 질병에 시달리며 불쌍하게 살아가고 있습니다. 조선에 선교사를 보내 주시오."

그의 편지는 《미셔너리 리뷰 오브 더 월드(Missionary Review of the World)》라는 미국 선교잡지에 성탄특집으로 기사화되기도 하였다.[13]

이수정은 일본에 파견된 선교사나 일본인 선교사가 조선에 선교하는 것을 반대하며 미국 선교부에서 직접 조선을 위한 선교사를 파견해달라는 서한을 계속 보냈다. 그는, 당시 일본 기독교인들이 조선에서 고대 이래 받은 문명의 빚을 갚는다는 뜻에서 일본인 선교사가 조선에 기독교를 전도하려는 여론에 이의를 제기하며, 우리는 절대로 다른 지역을 거쳐서 들어오는 2차 전파(Second-handed Civilization)를 원치 않으며 미국에서 직접 한국을 위해 선교사를 파견해줄 것을 주장하였다.

이수정은 조선인들의 예배집회를 만드는 한편, 루미스 목사의 부탁을 받아 《현토한한신약성서(懸吐漢韓新約聖書)》와 《신약마가전복음서언해》를 출판하였고 누가복음도 번역하는 등 조선인들에게 복음을 전파하는 일에 최선을 다하였다.

그는 일본 소녀들이 다니는 미션스쿨을 방문하여 일본 여성을 위해 이루어지고 있는 사업을 견학한 뒤 우리나라 여성 교육의 필요성을 절감했다. 기독교를 통해 서구 문명을 전달하고 여성의 지위 향상을 꾀하고자 했던 이수정은 1884년 미감리회 해외여선교부에 이런 글을 보냈다.

"전 세계가 복음을 받아들이고 있는 지금 우리나라만이 홀로 제외돼 있어야 한다는 사실은 매우 슬픈 일입니다. 제 생각에는 여자 선교사들이 매우 중요할 것 같습니다. (중략) 저는 여자 선교사들이 파견되기를 희망합니다. (중략) 그래야만 우리나라 여성들도 복음의 가르침을 통해 행복을 얻게 될 것입니다."

볼드윈 부인의 헌금과 기도, 가우처 목사의 조선 선교의 필요성을 꿰뚫어 보는 통찰력, 그리고 이수정의 청원이 이어지면서 미 북감리회 해외여선교회에서는 마침내 조선을 위한 첫 여선교사 대표로 스크랜턴 부인을 지명하게 된다.

스크랜턴 부인과 아들 스크랜턴 의사 내외, 아펜젤러와 언더우드 등 최초로 한국에 파견된 선교사들은 일본에 먼저 도착하여 이수정으로부터 조선의 풍습과 언어를 배웠으니 이수정은 조선에 기독교가 들어오는데 진정한 일등공신이었음이 분명하다.

그러나 이수정은 1886년 귀국해서 얼마 되지 않아 세상을 떠나, 직접 국내 전도를 할 수는 없었다. 그러나 그의 청원이 미국의 조선 개신교 선교의 다리가 된 것은 확실하다. 또한 그의 조선 여성에 대한 관심은 미국 여선교회로 하여금 여선교사를 파견토록 하여 한국 여성 교육과 의료사업을 일으키는데 영향을 끼쳤으니 이화 창립의 숨은 공로자라 하겠다.[15]

조선 외교의
치열한 현장, 정동

'서울특별시 중구 정동길 26'

이는 새로 바뀐 이화여자고등학교의 도로명 주소이다.

'근대화 역사의 현장', '대사관 길', '문화의 거리'로 불리며 많은 이들이 찾는 명소가 된 정동(貞洞)은 조선이 시작되기 전부터도 주거지였었다. 조선 왕조가 시작될 무렵에는 숲과 능, 절, 저택들이 들어서 있었다. 그러다 태조 이성계의 계비(繼妃) 신덕왕후 강씨(神德王后 康氏)의 능, 곧 정릉(貞陵)이 세워지면서 정동이라 불려졌다. 정동은 이화여고를 비롯하여 예원학교 일대, 미국대사관저, 덕수궁, 정동교회, 배재학교 자리 일대로 서울의 4대문 중 하나인 돈의문(서대문)에서 숭례문(남대문)으로 이어지는 서울 성

곽의 안팎을 넘나드는 위치에 있다. 조선조 때 정동은 한성부(漢城府) 서부(西部) 황화방(皇華坊)으로 불리었는데, 이것은 아마도 경기감영이 서대문 부근 밖(현재의 독립문 자리 부근)에 들어서기 전까지 중국 사신들을 맞이하던 곳이었기 때문에 붙여진 이름으로 추측된다.

그러나 1880년대의 정동은 '정숙한 동네'라는 본래의 의미와는 달리 뜨거운 외교의 현장이었고 외국으로부터 밀려들어온 개화의 물결을 고스란히 받아들인 역사적인 장소로 변하기 시작하였다.

정동은 한강 마포나루와 서대문과 이어지는 성곽 내의 지역이었으며, 경복궁에 접근하기 쉬운 위치였고, 덕수궁과 경희궁이 권역에 속해 있고 전통적으로 왕실의 재량권에 있던 지역이어서 대부분의 외국인들은 정동에 자리를 잡게 되었다. 그 시작이 바로 미국 공사관이었다. 당시만 해도 서양을 배척하는 사상이 강해서 외국사절단들은 4대문 안에 건물을 지을 수가 없었으나 조선과 접촉을 원하는 외국 사절단들이 점차 늘어나면서 위와 같은 지리

적인 이유로 정동을 선호하게 되었다. 고종은 마침내 외국의 압력을 못 이기고 정동 지역을 외국 사절단이 쓰도록 허락하였다.

1882년 조미수호통상조약을 맺어 서양으로서는 가장 먼저 조선과 외교 관계를 수립한 미국은 정동에 있는 양반 가옥을 사들여 공사관을 열었다. 조선은 이후 영국, 러시아, 프랑스, 독일, 이탈리아, 중국, 일본 등 모두 여덟 나라와 외교 관계를 맺었는데 이중 미국, 영국, 러시아, 프랑스 네 나라 공사관이 정동에 자리를 잡으면서 '공사관 거리'[18]가 되었다.

또한 미감리회해외여선교회와 장로회에서 파견한 스크랜턴 가족과 언더우드, 아펜젤러 선교사들도 정동에 자리를 잡아 선교기지를 세우고 이화학당, 배재학당, 정동여학당, 육영공원 등의 학교도 열었다.

정동이 본격적으로 외교의 각축장으로 등장하게 된 것은 고종이 러시아공사관으로 피신하는 아관파천[19]이 발생하면서부터다. 러시아 공사관에 머물며 러시아의 조종을 받았던 고종은 환궁하라는 여론이 거세지자 1년여 만에 경복궁이 아닌 경운궁(지금의 덕수궁)으로 돌아갔다. 그런데 덕수궁 뒤에는 영국공사관이, 옆으로는 미국공사관과 러시아공사관이 그리고 독일공사관(현재 시립미술관 자리)에 있어서 덕수궁은 마치 외국 공사관들에 포위당한 형국이었다. 이는 당시 조선의 무력함과 외세의존적인 현실을 여실히 보여주는 것이었다.

현재 이화여고백주년 기념관이 있는 자리는 우리나라 최초의 서양식 호텔인 손탁호텔이 있던 곳이다. 여성인 손탁(Sontag A. 1854~1925)은 1885년 10월 초대 주한 러시아공사인 베베르를 따라 한국에 와서 25년간 살면서 고종의 아관파천에 관여하고 조선의 독립운동을 돕는 등 숨은 외교관 노릇을 하였다. 이러한 손탁의 공로를 치하하기 위하여 고종은 정동의 한옥을 하사하였다. 1895년 민비가 시해당하는 을미사변이 일어나자 손탁은 자신의 집에서 민비시해에 대한 복수를 위한 역적 토벌, 친일내각 타도, 경복궁에 갇혀 있는 고종의 구출 방법 등을 논의하였다. 또한 배일단체인 정동구락부와 정부와의 연락 업무도 그녀의 집에서 이뤄졌다. 고종은 다시 한옥을 헐고 양식 건물로 지어 하사했는데, 이것이 바로 우리나라 최초의 서양식 호텔 '손탁호텔'의 시작이다. 당시 서울에는 외국인 전용 호텔이 없어서 손탁호텔은 외국 사절단들이 머무는 영빈관으로 쓰였으니, 정동에서도 가장 뜨거운 외교 활동이 벌어지는 공간이 바로 손탁호텔이었던 것이다.

이처럼 당시 정동은 세계의 외교관과 선교사들이 모여든 국제적인 거리로서 겉으로는 평온해 보였으나 안에서는 조선을 둘러싸고 치열한 외교 전쟁이 벌어지는 격동의 현장이었다.

이 무렵 정동에서 사는 서양인은 50여 명에 불과 했다. 이들 50여 명의 서양인이 사는데 있어서 정동은 별다른 불편함이 없었다고 1886년 7월에 육영공원 교사로 내한한 미국인 선교사 길모어(George W. Gilmore, 1857~?)는 회상한다.

"서울에 있는 외국인 조계는 쉽고 친숙하고 불편 없이 상호교제를 할 만큼 딱 맞는 크기이다. 일본인을 제외한 숫자가 약 50명에 달해서 외국인들 사이에는 감정의 일체감과 이익의 공동체가 형성되어 있다. 이러한 것이 조선에서의 생활에 큰 기쁨을 준다."

이들 50여 명의 서양 외교관, 선교사, 교사, 의사 등을 돕는 조선인들과 그의 가족들은 자의에 의해서건 타의에 의해서건 서양의 발전된 문물을 받아들이면서 기독교를 접하게 되고 의식도 남보다 앞서 개화되었을 것이다.

한옥과 서양식 건물이 공존하고 한국어와 외국어가 공존하며, 조선의 소년소녀들이 신식 교육을 받는 곳, 그리고 조선 사람들이 몸과 마음을 치유해 주는 병원과 교회가 있는 곳, 서양 문명과 생활방식의 유입 등으로 급속도로 개화가 진행 중인 일종의 해방구가 바로 정동이었던 것이다.

'공사관 거리'였던 정동에는 현재도 각국 대사관의 위치를 알려 주는 표지판이 서있다.

 한 알의 밀알들

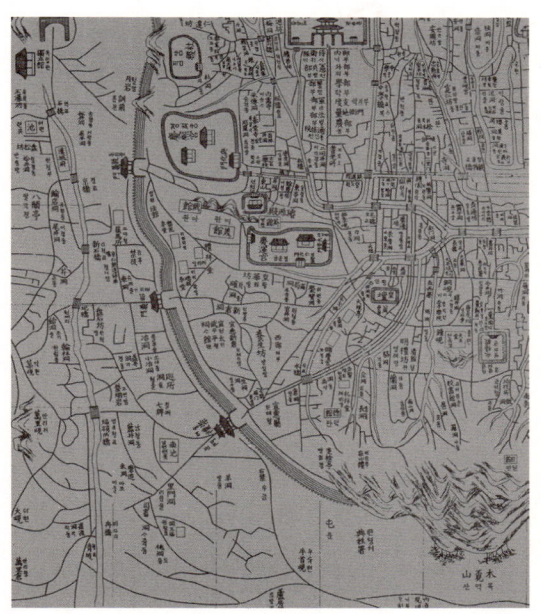
대한제국 시대 서울 지도. 덕수궁은 경운궁으로 표시돼 있고 숭례문과 돈의문 사이에 리화학당과 배재학당이 보인다.

1 이배용 · 이현진, 〈한국 근대 여성 교육의 등불을 밝히다 스크랜튼〉 이화여자대학교 출판부, 2009, p.16~18

2 이화100년사 편찬위원회, 《이화100년사》 이화여자고등학교, 1994. p.40~41

3 M.F. Scranton, 〈Women's Work in Korea〉, 《The Korean Repository》 III-1, 1896. p.2.

4 1876년(고종 13) 2월 강화부에서 조선과 일본 사이에 체결된 조약. 조약의 정식명칭은 조일수호조규이며, 강화조약 또는 병자수호조약이라고도 한다. 이 조약은 일본의 식민주의적 침략의 시발점이 되었고 척사위정 세력과 개화 세력 사이의 대립이 일어나는 계기가 되었다.

5 1875년 9월 20일 일본군함 운요호(雲揚號)가 강화도에 불법 침입해 일어난 한국과 일본간의 포격 사건이다. 한반도 침략의 발판을 노리던 일본은 한반도 연안의 해로 탐사를 빌미로 종횡 무진하며 강화도에 들어갔다. 강화해협을 방어하던 조선 수비병이 총격을 가하자 일본은 이를 빌미로 맹렬하게 보복 포격을 하였다. 일본의 한반도 침략의 발단이 된 이 사건으로 조선은 1876년 2월 26일 일본과 조일수호조약(강화도 조약)을 맺어야 했다.

6 이후 대한제국기에 이르기까지 우리나라와 통상조약을 체결한 나라는 영국(1883년), 독일(1883년), 이탈리아(1884년), 러시아(1884년), 프랑스(1886년), 오스트리아(1892년), 청국(1899년), 벨기에(1901년), 덴마크(1902년)와 앞서 조약을 맺은 일본과 미국 등 11개국에 이른다. 이 가운데 공사관 또는 영사관을 개설한 나라는 모두 9개국이며, 별도로 공관을 개설하지 않았던 나라는 오스트리아와 덴마크 등 두 나라였다.

7 이용남, 《복음에 미치다 - 초기 선교사가 들려주는 한국복음이야기》 두란노, 2007. p.106~112

한 알의 밀알들

8 《The Korean Mission Field》 Vol. 30-7, 1934, p.154~155

9 〈윤치호 일기〉 1884.7.14. 이덕주, 《상동교회를 중심으로 활동한 나라와 교회를 빛낸 이들》 기독교대한감리회 상동교회, 1988, p.11에서 재인용

10 미국 펜실베니아주 손더튼 출생. 1884년 미감리교 선교회에서 한국 선교사 임명을 받고 갓 결혼한 아내 D. 엘라와 함께 1885년 한국에 와 한국선교회를 창설하고 배재학당을 설립하였다. 1887년 한국성경번역부에서 언더우드, 게일 등과 함께 성경 국역 사업에 참여, 〈마태오의 복음서〉, 〈마르코의 복음서〉, 〈고린도인들에게 보낸 편지〉 Ⅰ·Ⅱ를 번역했다. 1895년 월간 〈한국휘보: The Korean Repository〉를 복간, 편집을 맡았다. 그는 암기 위주의 교육 방식을 이해 중심의 교육 방식으로 바꾸는데 큰 공헌을 하였다. 1902년 목포에서 열리는 성경번역자회의에 참석하기 위해 배를 타고 가다 군산 앞바다에서 충돌사고로 익사하였다. 마포 양화진 외국인묘지에 잠들어 있다.

11 미국 코네티커트 주 뉴하벤 출생. 1878년 예일대학 졸업, 1882년 뉴욕의과대학 졸업 후 오하이오에서 2년간 병원을 경영하다 1884년 12월 뉴욕 해외선교부 파울러 감독에게 목사 안수를 받고 한국 의료 선교사로 임명되었다. 자신보다 두 달 먼저 조선 파견 첫 여선교사로 임명된 어머니 매리 스크랜턴과 아내를 데리고 1885년 아펜젤러 목사 부부와 함께 한국에 왔다. 조선 정국의 불안으로 일본으로 물러가 수신사 박영효에게 한국어를 배운 후 5월 서울에 들어와 이듬 해 6월 병원을 세웠다. 고종은 이를 시병원(施病院, 스크랜턴을 한자어로 시란돈이라 했는데, 시란돈이 운영하는 병원이란 뜻)이라 명명했다. 스크랜턴은 이후 보구여관에서도 진료하였으며 성서 한역 통일회 회장으로 성서 번역에도 힘썼다. 1907년 6월 선교부에서 나와 독자적인 의료 사업을 하다 일본으로 건너가 1922년 고베에서 사망하였다.

12 미감리회에 조선에 선교사 파견을 요청한 이수정의 노력은 사도행전 16장 9절에서 보여지듯, '바울에게 마케도니아로 건너와서 우리를 도와달라고 간청했던 마케도니아인'과 같다고 하여 붙여졌다.
"밤에 환상이 바울에게 보이니 마게도냐 사람 하나가 서서 그에게 청하여 이르되 마게도냐로 건너와서 우리를 도우라 하거늘"(사도행전 16:9)

13 박경진, 〈한국 교회사 6 – 조선의 마케도니아인 이수정〉, 《감리교 뉴스》, 2012년 11월 15일자

14 Mary Ishm, 〈Various Ventures〉 1936, p.264

15 이화백년사편찬위원회, 《이화백년사》 이화여대출판부, 1994, pp. 32

16 서울특별시사편찬위원회, 《서울지명사전》 2009.
1392년 조선을 건국한 태조 이성계는 1394년 개경에서 한양으로 수도를 옮겼다. 1395년 한양을 한성부로 바꾸었으며 1396년 4월에는 한성부 행정구역을 동부, 서부, 남부, 북부, 중부 등 5부로 나누고 이를 다시 52방으로 구획하였다. 서부는 도성 안에 영견방, 인달방, 적선방, 여경방, 인지방, 황화방, 취현방, 양생방, 신화방 등 9개, 성 밖에 반석방, 방송방 모두 11개 방으로 구성돼 있었다. 이후 영견방, 인지방, 취현방이 폐지되어 8개 방으로 내려오다 영조 때에 신화방을 폐지하고 성 밖에 용산방과 서강방을 신설하여 9개 방이 되었다. 한성부 5부제는 갑오개혁 때 5서(署)제로 바뀔 때까지 계속 유지되었다. 1910년 일제에 강제 합병되면서 한성부가 경성부로 바뀌고 도성 안을 5부 36방으로, 도성 밖은 8면으로 하면서 서강방은 서강면으로 용산방은 용산면으로 바뀌어 서부에서 제외되었다. 서부는 1914년 방·계·동 제도를 폐지하고 경성부 행정구역을 186개동(정, 정목, 통 포함)으로 하여 경성부가 직할할 때 폐지되었다. 1936년 동·정 명칭을 동으로 통일하였고 1943년부터 구(區)제를 실시하여 오늘에까지 이르고 있다. 경성부는 1945년 서울시로 개칭되었다.

17 김정동, 《고종황제가 사랑한 정동과 덕수궁》 도서출판 발언, 2013, p.15

18 이순우, 《정동과 각국 공사관》하늘재, 2012

19 1896년 2월 11일 고종이 정동이 러시아공사관으로 피신한 사건. 아관파천은 을미사변을 통해 불법적으로 조선의 정권을 장악한 일본 세력에 대한 친러 세력의 반발로 초래된 사건이다. 아관파천으로 친일 내각인 김홍집 내각이 붕괴되는 등 일본의 침략이 일시적으로 지연되기는 하였으나, 이로 인하여 조선의 자주성과 국력은 크게 손상되었고 열강의 경제적 침략이 심화되었다. 이와 같은 난국을 당하여 독립협회를 중심으로 민중들의 자주 의식이 각성되었

으나, 왕실과 보수 집권 세력의 반동으로 인하여 자주권 수호는 이후 좌절되고 말았다.

제 2장

김점동

김점동은 아펜젤러 목사의 조사(助士)로 일하는 김홍택의 셋째 딸로
1877년 3월 16일 서울 정동에서 태어났다. 1886년 이화학당이 문을 열었을 때
큰언니는 강원도로 시집가 있었고 둘째언니 김마리아(결혼해서 신마리아가 되었다)는
결혼을 앞두고 있어서, 셋째인 김점동이 가장 먼저 신교육을 받을 수 있었다.
이화학당의 네 번째 학생이었다.

조선의 첫 여 선교사
스크랜턴 대부인

스크랜턴 부인이 조선의 첫 여선교사로 임명될 때의 나이는 52세였다. 미지의 나라에서 선교를 하기 위해 태평양을 건너기에는 무리가 있었다. 그러나 이미 미감리교 해외여선교부의 서기로 오랫동안 선교 사업 지원에 힘써온 스크랜턴 부인을 보며 주변에서는 선교사로 갈 것을 적극 권유했고 아들 스크랜턴 의사가 미국 감리교 조선 선교사로 임명된 상황이었다. 무엇보다 하나님에 대한 믿음이 확고했던 스크랜턴 부인은 처음의 망설임을 과감히 이겨 내고 조선 파견 첫 여선교사의 임명을 받아들였다.

스크랜턴 부인은 1832년 12월 9일 메사추세츠주 벨처타운에서 감리교 벤튼(Erastus Benton) 목사의 딸로 태어났다. 오빠, 조

김점동

카 등 3대가 목사인 독실한 신앙을 가진 집안이었다. 스크랜턴 부인은 열두 살 때부터 감리교회 일에 참여하며 전도 활동에도 관심을 키워 갔다. 1855년 스크랜턴(William T. Scranton)과 결혼하여 1년 뒤 아들 스크랜턴(William B. Scranton)을 낳았으며, 아들 스크랜턴은 예일대학 졸업 후 뉴욕의과대학에 진학하여 의사가 되었다.

스크랜턴 부인은 40세 되던 해인 1872년 남편과 사별하면서 클리블렌드에서 개업한 아들 내외와 함께 살게 되었다. 사별의 아픔을 승화시키기 위해 스크랜턴 부인은 교회 활동에 더욱 전념하게 되었다. 미감리교 해외여선교회의 서기로 활동한 것도 이 무렵이었다.[20]

그랬어도 스크랜턴 가족은 그저 신실하고 평범한 기독교 가정으로 살고 있었다. 한국 선교는커녕 해외 선교에 대한 관심조차 없었다. 그것은 스크랜턴 부인의 며느리가 말한 것에서도 알 수 있다.

"1884년쯤인가 제 생각으론 맥클레이 박사인 것 같은데 한 분이 클리블렌드에 있는 어머님을 뵈러 왔습니다. 그는 홀에서 나를 만나서는 한국에 선교사로 가는 게 어떻겠느냐고 물어 왔습니다. 나는 놀라서 그를 쳐다보았습니다. 나는 해외 선교에 대해선 전혀 아는 게 없었습니다. 국내 전도나 인디언 선교 관련 일을 조금 하고 있었을 뿐이라, 내 대답은 '아이구머니! 안 될 말이에요'였습니다. 그러자 '그렇다면 가지 않는 게 좋겠군요'라고 하였습니다."[21]

그런데 이들 모자가 선교사로 헌신할 것을 결심하게 되는 결정적인 일이 일어났다. 며느리 스크랜턴의 계속되는 증언이다.

"초여름, 스크랜턴 박사가 지독한 장티푸스에 걸렸습니다. 그때 아이까지 심하게 앓고 있어 남편을 돌볼 틈이 없었고 어머님이 그를 간호하였습니다. 남편이 회복된 후 우리는 차로 드라이브를 나갔습니다. 그때 남편은 내게 놀라지 말라고 당부하면서 자신은 중앙아프리카를 제외한 어느 곳이든 선교사로 나가 자신을 헌신하기로 하였다고 밝히는 것이었습니다. 얼마쯤 시간이 흐른 뒤, 나는 '당신이 가는 곳이라면 어디든 저도 가겠습니다'고 답하였습니다. 또 한참 있은 후 '거기에 뼈를 묻겠어요'라고 하였습니다. 나

김점동

메리 F. 스크랜턴(Mary Fletcher Scranton, 1832~1909) 부인. 52세에 해외 선교사로 임명돼 아들인 의사 스크랜턴(William Benton Scranton, 1856~1922) 내외와 함께 조선에 와, 이화학당을 비롯한 교육 기관과 상동교회 등 교회를 세웠다. 현재 양화진 외국인묘지에 잠들어 있으며 이화여고에서는 매년 스크랜턴 묘소를 찾아 헌화하며 그를 기리고 있다.

는 결혼하던 날 결심한 것 중 하나가 무슨 일이 있어도 남편을 거역하지 않겠다는 것이었습니다. 청천벽력같은 일이었으나 그처럼 고귀한 이상을 추구하려는 남편의 말을 따르기로 결심하였습니다."[22]

장티푸스 열병에 걸려 투병 생활을 하는 동안 스크랜턴은 선교사로 남은 생을 헌신할 것을 결심한 것으로 보인다. 곁에서 아들을 간호하던 어머니 스크랜턴 부인도 같은 결심을 한 것으로 추측할 수 있다.

이러한 스크랜턴 모자의 병상 결심은 미감리회 해외선교부와 해외여선교부에 통보되었고 이에 따라 어머니 스크랜턴 부인이 1884년 10월에 조선 파견 여선교사로 임명되었으며, 아들 스크랜턴은 12월에 한국 선교사로 임명되었다. 이때 스크랜턴은 미감리회 해외선교회 책임총무로 있던 파울러(C. H. Fowler) 감독에게 목사 안수를 받아, 의료 사업은 물론 선교할 수 있는 자격까지 얻게 되었다.

조선의 첫 민간 병원, '시병원'

스크랜턴 부부와 두 살 된 딸, 그리고 어머니 스크랜턴까지 모두 네 명의 스크랜턴 가족은 갓 결혼한 아펜젤러 부부와 함께 한국 선교사로서 미국 샌프란시스코를 출발하였다. 1885년 2월 3일이었다. 2월 27일 일본에 도착한 일행은 맥클레이의 환영과 안내를 받으며 한국 선교를 위한 준비 작업에 들어갔다. 그 첫 번째가 한국말을 배우는 것이었다. 당시 일본에는 이수정을 비롯한 유학생 기독교인들이 공동체를 이루고 있었으며 김옥균, 서광범, 홍명식, 서재필, 유성준 같은 갑신정변의 실패로 일본에 망명해 온 개화파 인사들도 상당수가 있었다. 이들은 기독교에도 호감을 가지고 있었는데, 바로 이들이 선교사들의 한국어 선생이 되었다. 선교사들은 이들을 통해 한국어와 함께 조선의 문화와 정치 사회 상황을 알게 되었다.

그런데 이 무렵 조선은 갑신정변이 일어나 급진 개화파와 수구 보수파와의 충돌이 벌어졌다. 선교사에겐 개화파의 득세가 유리한 입장이었으나 이들이 일으킨 갑신정변은 사흘만에 끝나고 다시 보수파가 정권을 장악하게 되었다. 갑신정변을 진압하는 과정에서 민영익이 부상을 당하였고 이를 알렌이 치료해 살려내 고종의 신임을 샀음은 이미 앞에서 말한 바 있다.

일본에 머물던 선교사 일행 중 아펜젤러 부부가 먼저 인천에 도착하였다. 그러나 서울의 공기가 심상치 않으니 서울에 오는 것은 미뤄달라는 미국 공사의 요청에 아펜젤러 부부는 일본으로 돌아갔다. 독신인 언더우드는 서울 입성을 감행하였다. 감리교의 서울 입성 2차 시도는 의사 스크랜턴이 했다. 1885년 5월 3일 제물포에 도착해 5월 30일 서울로 들어갔다.

스크랜턴이 서울에 들어왔을 때 알렌이 설립한 광혜원(곧 제중원으로 이름을 바꾼다)은 정부의 신임을 얻고 있었으며 민중에게

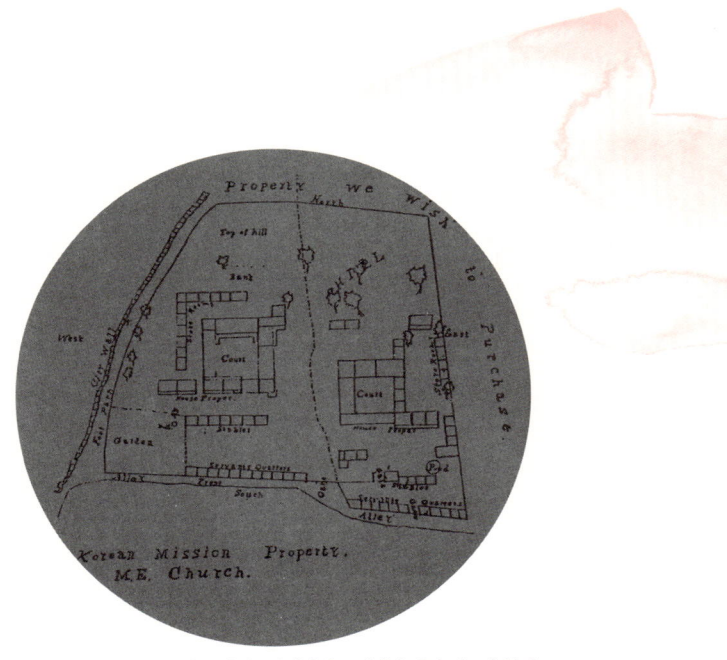

스크랜턴 부인이 미감리회 해외선교사회에서 구입하려 했던 선교사 부지.

도 좋은 인상을 심어준, 훌륭한 선교 전초기지 역할을 하고 있었다.

6월 20일 일본에 남아 있던 스크랜턴의 아내와 딸과 어머니, 그리고 아펜젤러 부부, 새로이 온 장로교 의료선교사 헤론 부부까지 조선에 들어왔다.

스크랜턴은 자신의 가족과 아펜젤러 가족이 거주할 집 마련에 나섰다. 장차 감리교 선교 본부로도 사용해야 할 집이었기에 여러모로 고민해야 했다. 그는 어렵사리 집을 구할 수 있었다. 서부 성벽 아래 정동 언덕 위에 있는 집이었다. 이곳은 현재 정동제일교회 문화재 예배당 뒤쪽[23]으로 이화여고 본관(신봉조관)이 있는 곳이다.

스크랜턴은 이 언덕 위에 있는 집에 진료소를 차리기로 했다. 미국에서 한국으로 떠날 때 배로 부친 그의 의료기구와 풍금이 도착했기 때문이었다. 정식으로 문을 연 것은 1885년 9월 10일이었다. 한국에 설립된 서양 의료기관으로는 제중원에 이은 두 번째였다. 순수 선교사들의 투자로 설립된 정동 진료소에는 가난한 환자들이 많이 몰려들었다. 이듬해 6월 새 병원 건물을 마련할 때까지 9개월간 522명의 환자들을 진료하였다[24]는 기록이 있다.

1886년 6월 정동의 전통 한옥을 구입해 내부를 개조하고 문을 연 이 병원에 대해 외아무 독판 김윤식(1835~1922)은 스크랜턴의 한문 이름 시란돈(施蘭敦)에서 '시'를 따와 '시병원'(施病院)이란 이름을 지어주었다. 이미 많은 서민들에게 소문이 나있던 시병원에는 더욱 더 많은 환자들이 몰려들어 다시 이웃 건물을 사들여 병원 확장 공사를 하였다. 환자 대기실과 사무실, 약국, 그리고 수술실과 다섯 개의 입원실(남자용)을 만들었으나 이것도 모자라 또 다른 옆 건물을 구입해 수리하여 세 개의 병원을 여자용으로 따로 만들었다. 당시로는 최대, 최신 시설이었다. 정부의 보조를 받는 광혜원도 시병원만 못했다고 한다.[25]

스크랜턴은 병원 앞에 간판도 내달았다. '미국인 의사 병원'이란 글이 한자로 써 있었고 다른 쪽에는 한글로 '남녀노소를 불문하고 어떤 병에 걸렸든지 매일 열시에 빈 병을 가지고 미국 의사

를 만나시오'라고 써있었다.[26]

빈 병을 가지고 오라고 한 이유는 환자들이 약병을 한번 가져가면 다시 가져오는 경우가 드물었기 때문이었다. 뿐만 아니라 병이나 치료비를 가져오는 사람은 거의 없었다. 그들은 '선생께서 이 병을 나에게 빌려 주시면 내일 약값과 함께 병을 가지고 오겠습니다'고 약속을 하고서도 그 약속을 지킨 사람은 극소수였다. 빈부귀천을 막론하고 모두 약속을 지키지 않아서 스크랜턴이 모아 두었던 약병은 금세 동이 났고 하는 수 없이 병을 가져오라는 간판을 달았던 것이다.[27]

'남녀노소를 불문하고 누구나 오시오'라는 말에 특히 가난한 사람들이 많이 찾아왔다. 스크랜턴이 이 병원에서 처음 진료한 환자는 열병에 걸려 길바닥에 버려진 여인이었다.

"1886년 봄 정동 병원 건물을 구입하여 내부를 수리하고 6월 15일에 문을 열었다. 첫 환자는 풍토열병에 걸린 중환자였는데 우리는 그녀가 서대문 근방 성벽에 내팽겨진 채 버려져 있는 것을 발견하였다. 환자 옆에는 네 살박이 딸이 붙어 있었다."[28]

스크랜턴은 병에 걸려 버려진 그 여인을 병원으로 데려와 정성스럽게 치료하고 보살폈다. 안타깝게도 그 첫 환자는 끝내 일어나지 못하고 죽고 말았으나 고아가 된 환자의 딸은 선교사들의 돌봄을 받아 이화학당의 세 번째 학생으로 들어가 공부하게 되었다.[20]

정동에 문을 연 이화학당

 아들이 시병원을 지어 가난한 조선 사람들을 치료하고 있을 무렵, 어머니 매리 스크랜턴도 자신의 임무를 수행하기에 여념이 없었다. 조선의 첫 여성 선교사로 한국에 온 스크랜턴 대부인(스크랜턴 의사의 부인, 즉 며느리와 구분하기 위해 대부인이란 칭호를 붙였다)은 정동 자신의 집에 어린아이, 여성들을 위한 학교를 세웠다. 학교 문을 활짝 열고 학생들이 오기를 기다렸으나 내외법[30]이 엄연했고 파란 눈에 높은 코의 무섭게(?) 생긴 사람들이 운영하는 학교에 올 만큼 두둑한 배짱을 가진 학생들은 없었다.

 당시 조선의 상황은 말 그대로 '암흑의 땅', '어둠의 나라'였다. 국민의 의식 역시 관습에 얽매여 아직 문명화가 이루어지지 않은 상태였다.

스크랜턴 대부인은 하루라도 빨리 고통 받는 조선인들, 특히 조선의 여성들에게 복음을 전하고 이들이 좀 더 나은 생활을 할 수 있도록 돕고 싶었다. 조선 여성들을 구원하는 일이야말로 자신을 이 땅에 보낸 하나님의 뜻을 수행하는 것이기 때문이었다.

그래서 가능한 한 빨리 한국어를 배워 조선인과 소통하기를 원했으나 이마저도 쉬운 일이 아니었다. 한국어를 공부할 수 있는 마땅한 교재나 선생을 구하는 것이 보통일이 아니었다. 당시의 상황을 스크랜턴 대부인은 이렇게 보고했다.

"조선인을 가까이 하는 일과 말을 하는 일은 어려웠다. 우리가 부녀자가 있는 집에 가까이 가기라도 하면 그들은 창문을 닫고 커튼 뒤로 숨어 버렸고 어린이들은 으악 소리를 지르고 울부짖으며 달아났다. 말을 배우자니 책도 없고 선생다운 선생도 없었으며 통역이란 사람도 간단한 단어밖에는 하지 못하는 사람들이었다. 명사 단어를 배워 쓰는 데는 그런대로 뜻이 통했지만 동사를 쓰고자 할 때 손짓, 발짓으로 시늉을 하여야 겨우 의사가 통하였으므로 우습기보다는 진땀이 나는 일이었다."

　의사소통의 문제는 나중에 이화학당을 세우고도 계속되었다. 수업 시간에 학생들이 수업 내용을 제대로 이해하지 못하는 경우가 많았다. 그러나 서양인 교사들과 함께 생활하면서 학생들은 점차 영어에 익숙해졌고 김점동 같이 영어에 능통한 학생이 배출되면서 병원 등지에서 외국인 의사들의 통역을 맡기도 하였으나 그건 나중 일이고 학교를 세운 초기에는 가르칠 학생이 없다는 것이 제일 큰 어려움이었다. 만일 스크랜턴 대부인이 남녀학생을 구분하지 않고 받았다면 학생 구하기가 그리 어렵지는 않았을 텐데, 스크랜턴 선생은 오로지 암흑의 땅에서 사는 조선 여성들을 인간답게 살도록 교육하고 복음을 전하겠다는 생각이었기에 어렵고 힘든 길을 택한 것이었다.

　스크랜턴 대부인은 학생들을 찾아 나섰다. 거리에서 고아를 찾거나 가난한 집을 찾아다니며 딸을 무료로 교육시켜 주겠다고 부모를 설득하였다. 그러나 순순히 자신의 딸을 내줄 조선 부모는 거의 없었다. 설사 있더라도 아이를 학교에 보내지 말라는 주위의 방해만 있을 뿐이었다.

1886년 5월 30일 겨우 한 학생이 찾아왔다. 김부인이라는 사람으로 관리의 소실이었다. 그가 스크랜턴 대부인을 찾아온 까닭은 영어를 배워 왕비의 통역관이 되고자 함이었다. 이것이 조선 최초의 근대 여성 교육기관 이화학당의 시작이었다. 그러나 김부인은 병이 들어 석 달만에 그만두게 되었다. 이어 6월에 두 번째 학생이 들어왔다. 가난한 집의 딸 별단이라는 열 살쯤 되는 소녀였다. 별단이의 어머니는 딸에게 교육을 시키려는 목적보다는 당장 먹고 살기 위한 방편으로 이화학당의 문을 두드린 것이다.

그런데 별단이 어머니는 못내 두려웠는지, 얼마 지나지 않아 다시 딸을 찾아 가겠다고 학교에 왔다. 딸을 학교에 보낸 자신을 보고 이웃 사람들이 비정한 어머니라고 비난하는 것도 모자라, 서양인들이 처음에는 잘 해주다가 미국에 데리고 가 어떻게 할지 모른다고 겁을 주었기 때문이었다. 결국 스크랜턴 대부인은 아래와 같은 각서를 써 주고서야 계속 교육시킬 수 있었다.

"미국인 야소교 선교사 스크랜튼은 조선인 박(朴)씨와 다음과

이화학당의 첫 한옥 교사(敎舍). 정동 언덕에 세운 '전망 좋은' 학교였다.

김점동

같이 계약하고 이 계약을 위반하는 때는 어떠한 벌이든지 어떠한 요구든지 받기로 함. 나는 당신의 딸을 맡아 기르며 공부시키되 당신의 허락이 없이는 서방(西方)은 물론 조선 안에서라도 단 십 리라도 데리고 나가지 않기를 서약함. 1886年 月 日. 스크랜튼"

별단이는 이화학당 최초의 영구 학생이 되었다.

세 번째 학생은 앞에서 말했던, 스크랜턴 의사가 시병원으로 데려가 치료했던 여성 환자의 딸이었다. 당시 서울에는 콜레라가 만연하여 수많은 사람들이 죽어 성 밖에 버려졌다. 이 소녀의 어머니는 아직 살아 있음에도 딸과 함께 성 밖에 버려져 죽음을 기다리고 있었는데 이를 스크랜턴 의사가 발견하여 병원에 데려가 입원시킨 것이었다. 그러나 그 소녀의 어머니는 끝내 회생하지 못하고 그해 연말에 사망하였다.

김홍택과 네 딸

스크랜턴 가족과 함께 조선 선교사로 한국에 온 아펜젤러는 스크랜턴 가족과 함께 집을 구입하여 미북감리회 선교기지로 사용하였다. 바로 정동제일교회이다. 갓 결혼해 아내와 함께 온 아펜젤러에게는 교회 일을 도와주는 한국인 집사가 있었다. 김홍택(金弘澤)이 바로 그 사람이다. 김홍택에 관한 자료는 거의 없다시피 하여 그가 어떤 배경에서 어떻게 자라났고 무슨 일을 해왔는지, 배움의 정도는 어떤지 알 길이 없다. 그러나 서울 정동 부근에서 살며 아펜젤러 밑에서 일을 하였다는 것은 곧 영어로 어느 정도 의사소통이 가능했음을 의미하며 일찍이 기독교를 받아들인 사람임은 미루어 짐작할 수 있다. 또한 네 딸 중 세 명을 이화학당

김점동

과 정동여학당[34]에서 신식 교육을 받게 하여 우리나라 최초의 여의사, 간호사 그리고 교육자로 키워 낸, 당시로서는 매우 깬 아버지였음은 외손녀 신의경의 전기[35]를 통해서 알 수 있다.

신의경의 전기에 의하면 외조부 김홍택은 광산(光山) 김씨로 연안(延安) 이씨로만 알려진 외조모와의 사이에 네 딸을 두었다. 첫째는 강원도 농촌으로 시집을 보냈고, 둘째 김마리아(金馬伊也)는 정동여학당에, 셋째인 김점동(金點童)은 이화학당에, 그리고 넷째 김배세(金背世) 역시 정동여학당의 후신인 연동여학당에 입학시켰다.

아펜젤러를 도우며 자연스럽게 기독교 가정을 이룬 김홍택은 '부부의 사랑', '부자(父子)의 사랑', '형제의 사랑'이라는 '세 사랑'(三愛)을 가훈으로 삼아 딸들을 신실한 믿음과 사랑 안에서 키워냈다.[36] 이러한 김홍택의 가정교육 덕분에 네 자녀 모두 하나님을 따르며 이웃을 사랑하는 사람으로 자라났음은 세 딸들의 업적에서 잘 나타난다.

김홍택의 딸들 중 가장 먼저 신식 교육의 혜택을 받은 사람은 셋째 김점동이었다. 맏딸이야 우리나라에 신식 교육 기관이 세워지기 전 이미 시집을 갔기 때문이고, 둘째 김마리아 역시 이화학당이 문을 열 당시 열다섯 살로 역시 혼기를 앞둔 과년한 처녀였다. 아무리 개화된 아버지라 할지라도 딸의 교육보다는 결혼이 우선순위라고 생각했을 것이다. 결국 당시 열 살이던 셋째 딸 김점동을 이화학당에 들여보내게 되었다. 이것도 스크랜턴 대부인이 아펜젤러 목사에게 김홍택을 설득하도록 부탁하여 이루어졌다.

점동의 둘째 언니 김마리아는 열일곱 살이던 1890년 신정우라는 기독교 집안의 선비와 결혼하였다. 이후 남편의 성을 따라 신마리아가 되었으며 우리에게는 신마리아로 더 잘 알려져 있다. 신마리아는 결혼한 이듬해 첫 아이를 낳아 기르다 1893년 정동여학당에 들어갔다. 정동여학당의 3대 학당장인 도티 선교사로부터 성경을 배우며 믿음을 키운 신마리아는 신학문 공부도 게을리 하지 않았다. 3년간의 공부를 마친 후 1896년 10월 3일부터 연동여학교의 보모로 일하게 되었다. 당시의 보모는 어머니이자 양육자로서 한국적인 풍습과 전통을 존중하는 교육 방침에 따라 예절로

김점동과 동생 김배세가 둘째언니 신마리아의 자녀들과 함께 사진을 찍었다. 아래줄 왼쪽부터 김점동, 김배세, 조카 신의경. 뒷줄은 신의경의 남동생들.

부터 의복에 이르기까지 그 역할은 매우 막중했다고 한다.[17]

신마리아는 보모로 일하는 한편 제중원 부속 의학부[18]에도 나가 남학생들과 함께 공부를 했다. 교수진은 애비슨(Oliver. R. Avison, 1860~1956) 의사와 언더우드(H. G. Underwood) 목사 등이었다. 외국인 선생들은 생리학·화학·산학·지리·역사와 천문학 등을 서툰 한국말과 영어로 강의하였으나 신마리아는 하나를 배우면 백 가지를 알아낼 정도로 뛰어난 머리를 자랑했다. 연동여학교 교감까지 지낸 신마리아는 한 가정의 주부이자 아내, 어머니, 그리고 교육자로서의 역할을 훌륭히 수행해낸 슈퍼우먼이었다.

김홍택의 막내 딸 김배세는 우리나라 초창기 간호사였다. 1886년에 태어난 그는 위의 언니들과 터울이 많이 나서 1903년 연동여학교에 들어갔을 때는 둘째 언니 신마리아가 연동여학교의 교감에 올라 있었다. 당시 연동여학교의 학생은 모두 13명이었으며 성경을 비롯하여 국어, 어학, 산술, 역사, 지지(地誌), 생리, 동물, 식물, 한문, 도화, 습자, 창가, 가사, 체조 등을 배웠다. 1907년 연동여학교 제1회 졸업생이 된 김배세는 같은 해에 세브란스병원의 간호사 양성 기관인 간호학교에 들어갔다. 이 학교에는 의료선교사로 파견돼 간호학을 가르치는 쉴즈(E.L. Shields) 간호사가 있었다. 쉴즈는 1897년 제중원에 와 애비슨 원장을 도와 간호사로 봉사하며 1906년 세브란스병원 안에 간호학교를 창설하고 초대 교장을 지낸 인물이다. 1907년 김배세를 비롯한 총 5명의 학생이 등록하여 기초 간호술, 해부생리학, 미생물학, 약리학, 간호사, 간호윤리 등 간호학의 필수과목과 산수와 국어, 환자의 건강교육 등을 배웠다. 김배세는 1910년 단 한 명뿐인 제1회 졸업의 영광을 차지했다.[19] 김배세는 언니 점동이 의사가 되어 돌아와 평양 광혜여원에서 일할 때 간호사로서 함께 일한 적도 있으나 내내 세브란스병원에서 근무하며 오직 환자와 평생을 함께 한 뒤 1944년 4월 20일 59세로 세상을 떠났다.[20]

이화학당의 네 번째 학생

"여성도 배워야 하고 이름을 가져야 합니다. 그래야 조선에 힘이 생기고 강해집니다."

스크랜턴 대부인은 학교 문을 연지 6개월이 다 되어가도록 학생들이 오지 않자 적극적으로 학생을 찾아 나섰다. 그러나 당시 조선의 부모들, 특히 딸을 가진 부모들은 이러한 스크랜턴 대부인의 호소를 믿으려 하지 않았다. 다가가면 갈수록 뒤로 물러나거나 숨어 버렸고 어린 아이들은 무서워하며 울음을 터뜨리기까지 하였다.

그런데 아펜젤러 목사 밑에서 일하던 김홍택이 자신의 셋째 딸 점동을 이화학당에 보냈다. 그의 생각에 학교에 가면 밥과 옷

김점동

을 해결할 수 있고 학교에서 가르치는 교리가 딸에게 해가 되지는 않을 것이라는 생각에서였다.

점동은 이화학당이 문을 연지 6개월만인 11월에 들어온 네 번째 학생이었다.

입학 당시 열 살이었던 점동은 파란 눈에 회색 머리카락을 가진 스크랜턴 대부인과 처음 만날 때의 심정을 이렇게 표현하고 있다.

"스크랜튼 대부인을 처음 만났을 때는 아주 추운 날이었다. 그 선교사 부인은 나를 난로 가까이 오라고 불렀다. 그때까지 한 번도 스토브를 본 적이 없었기 때문에 그 부인이 나를 오라 하여 그 스토브 안에 집어넣으려는 줄 알고 잔뜩 겁에 질려 조심스럽게 다가갔다."

그러나 이내 스크랜턴 대부인은 천사처럼 마음이 고운 사람이라는 걸 알게 되었고 학당 생활에도 빨리 적응해 나갔다.

점동이 네 번째 학생이긴 했으나 당시 이화학당의 학생은 점동을 포함해 세 명에 불과했다. 최초의 학생 김부인이 병에 걸려

스크랜턴 대부인과 학생들. 그러나 이화학당 설립 초기에는 학생이 들어오지 않아 스크랜턴 대부인은 학생을 모집하기 위해 거리로 나서야 했다.

🌸 김점동

석 달만에 그만두었기 때문이었다. 겨우 세 명의 학생이었지만 스크랜턴 대부인에게는 너무도 소중하고 보석 같은 아이들이었다. 그는 이들을 정성껏 보살피고 가르쳤다. 학생들에게 장난감과 과자 등을 나누어 주고 소꿉놀이나 인형놀이도 함께 하였다. 학생들에게 스크랜턴 대부인은 먹을 것과 입을 것을 챙겨주는 어머니 같은 존재였다.

점동은 금세 학당 생활에 적응했으며 배움도 매우 빨랐다. 성경과 한글로 된 교리문답서, 영어와 한자 등을 배웠는데 특히 영어 공부에 재미를 붙였다. 평소 아버지가 아펜젤러 목사와 영어로 말하는 것을 보았을 터라 영어가 아주 낯설지만은 않았을 것이다.

이러한 점동을 눈 여겨 본 스크랜턴 학당장은 미북감리회 해외여선교회 장학생으로 추천했다. 펜실베이니아 피츠버그시 근처에 있던 벨뷰보조회에서는 점동에게 매년 40달러의 장학금을 보내왔다.

또한 가난한 집안에서 태어나 하루 세 끼 밥 먹는 것 외엔 관심이 없던 점동에게 주기도문과 기도는 마음과 영혼의 양식이 되었다.

    차츰차츰 점동은 선교사들이 가져온 복음을 이해하게 되었고 학생들이 일상적으로 하는 거짓말과 도둑질이 잘못된 죄임을 알고는 혐오하게 되었다.

20 이덕주, 〈한국감리교 여선교회의 역사(1897~1990)〉, 이덕주, 기독교대한감리회 여선교회전국연합회, 1991, p.52

21 W. A. Noble, 〈Pioneers of Korea〉, 《Within the Gate》 C. Sauer ed.,. The Korean Methodist News Service, Seoul, 1934, p.27

22 위 글 p.28

23 김정동, 《고종황제가 사랑한 정동과 덕수궁》 도서출판 발언, 2013, p.150

24 〈Annual Report of Missionary Society of the Methodist Episcopal Church〉 1886, p.268

25 김정동, 《고종황제가 사랑한 정동과 덕수궁》 도서출판 발언, 2013, p.150~151

26 〈Annual Report of Missionary Society of the Methodist Episcopal Church〉 1886, p.272

27 위 보고서, P.277~278. 이만열, 《한국기독교의료사》 아카넷, 2003, P.52에서 재인용

28 W. B. Scranton, 〈Historical Sketch of the Korea Mission of the Methodist Episcopal Church〉

29 《이화백년사》 이화여고, 1992년, p.150??

30 당시만 해도 여성들은 낮에 자유롭게 바깥출입을 할 수 없었다. 또한 남녀7세 부동석이란 규

율이 있어 남자와 함께 하는 사회 활동도 자유롭지 않았다.

31 M. F. Scranton, 〈Woman's Work in Korea〉, 《The Korean Repository Ⅲ-1》1896, p.3

32 이화여자고등학교, 《이화백년사 1886~1986》 1994년, p.58~59

33 《상동교회를 중심으로 활동한 나라와 교회를 빛낸 이들》 기독교대한감리회 상동교회, 1988, p.17

34 미국 북장로회에서 세운 여학교로 오늘날 정신여자고등학교의 전신이다. 앨리스 의사 자택인 현재의 예원학교 자리에 세워졌으며 1895년 연지동으로 이전해 연동여학교로 개명했다가, 정신이라 이름 붙인 것은 1909년이다.

35 고춘섭, 《하늘과 땅 사이에서-순원 신의경 권사 전기》 2001

36 위 책 p.56

37 위 책 p.57

38 1899년 의학교가 되는 세브란스의학전문학교의 모체이다.

39 우리나라 최초의 간호사 교육기관은 1903년 보구여관(保救女館)에 세워진 간호부양성소이다. 1906년 1월 25일 최초의 간호사 대관식(가관식, 캡식)이 거행되었으며 1908년 11월 5일 최초의 졸업생이 배출되었다. 이때 배출된 졸업생이 김마다(金瑪多)와 이은혜(이그레이스) 두 사람이다.

40 고춘섭, 《하늘과 땅 사이에서-순원 신의경 권사 전기》 2001, p.62~63

41 닥터 셔우드 홀, 〈닥터 홀의 조선회상〉, 김동열 역, 도서출판 좋은 씨앗, 2013, p.78

 김점동

42 〈Annual Report of Missionary Society of the Methodist Episcopal Church〉 1886, p.272

43 고춘섭, 《하늘과 땅 사이에서-순원 신의경 권사 전기》 2001, p.61/ 〈The Story of the First Korean woman Doctor〉《The Gospel in All Lands》, 1899, June p.268

제 3장

김에스더

1891년 1월 25일 점동은 정동교회의 올링거 목사에게 세례를 받았다.
'에스더'(Esther)로 다시 태어나는 순간이었다. 에스더는 은매화를 뜻하는
아스트라(astra)와 페르시아어로 별을 뜻하는 스타레(setar도)가 합쳐진 말로
'별'이라는 의미를 갖고 있다. 또한 성경에서 에스더는 '믿음의 여인'으로
통하는 것처럼 점동은 깊은 믿음 안에서 조선의 '별'로 성장해 나갔다.

점동에서 에스더로

　점동은 성경 공부를 통해 마음이 깨끗해지길 원하며 남몰래 기도를 하기 시작했다.

　점동이 이화학당에 다닌 지 근 1년이 되어가는 1888년 어느 여름밤이었다. 그 어느 해보다도 거센 폭풍우가 몰아쳤다. 기숙사 방에서 잠을 자려던 점동은 도무지 잠을 이룰 수 없었다. 밤새도록 창문을 때리는 빗소리는 선교사들이 들려준 노아의 홍수를 떠올리게 했다. 점동과 한 방을 쓰는 친구도 같은 생각을 했노라며 두려움에 떨고 있었다. 점동은 친구와 함께 자리에서 일어나 무릎을 꿇으며 기도하자고 하였다. 점동은 하나님께 자신들의 죄를 고하며 폭풍우를 사라지게 하고 깨끗한 마음을 가질 수 있도록 해

김에스더

달라는 기도를 하였다. 그럼으로써 죽음의 공포에서 벗어날 수 있었다.

점동의 간절한 기도가 끝나자 곧바로 응답이 왔다. 신의 충만한 평화가 가슴에 채워지면서 모든 공포가 사라졌다. 하나님이 우리를 용서한 것이라 믿은 점동은 그제야 비로소 잠을 잘 수가 있었다.

다음날 점동은 다른 친구들에게 자신의 마음에 찾아온 변화를 이야기해 주며 자기 방을 깨끗이 청소하고 꽃으로 장식한 후 다른 방의 친구들을 불러 모았다. 점동은 친구들과 둘러 앉아 신앙고백을 하면서 함께 찬송을 불러 선교사들과 선생들에게 감동을 주었다. 점동은 매일 밤 이러한 기도 모임을 가졌다. 이 모임은 나중에 여성 기도회와 철야기도회로 발전해 나갔으니 점동의 기숙사 방 기도 모임이 효시가 된 셈이다.

성경 공부와 기도를 함으로써 나날이 신앙을 키우던 점동은 1891년 1월 25일 정동교회의 올링거(F. Ohlinger, 1845~1919) 목사에게 세례를 받았다. '에스더'(Esther)로 다시 태어난 순간이었다. 에스더는 구약 성서 에스더서의 주인공인 유대 여성을 말한다. 에스더서 2장 7절에 의하면 에스더의 원래 이름은 하닷사(Hadassah)로 하닷사는 히브리어로 은매화를 뜻한다. 에스더라는 이름은 은매화를 뜻하는 아스트라(astra)와 페르시아어로 별을 뜻하는 세타레(setareh)가 합쳐진 것으로 '별'이란 의미를 갖고 있다. 또한 성경에서 에스더는 '믿음의 여인'으로 통하는 것처럼 점동(이하 에스더) 역시 깊은 믿음 안에서 조선의 '별'로 성장해 나갔다.

에스더가 영어와 기도에 열심이었다는 것은 이후 이화학당의 교풍을 형성하는데 아주 중요한 초석이 된다. 우리나라 최초로 대학총장이 된 김활란 박사, 한국전쟁 중 국제 영어웅변대회에서 대상을 받은 이정화, 우리나라 여성으로는 유엔 최고위직에 오른 강경화 유엔 인도지원조정실(OCHA) 사무차장보 등… 수많은 이화 졸업생들이 세계를 무대로 활동하고 있음은 바로 에스더의 뛰어난 영어 실력이 전통으로 이어져 온 때문이라고 해도 과언은 아닐 것이다.

또한 '이화는 고개 들면 노래하고 고개 숙이면 기도한다'고 할

김에스더

만큼 기도하는 생활이 몸에 배어 있는데, 이 역시 에스더의 기도 모임이 그 효시였다고 볼 수 있다. 이는 130여 년 전 실시한 미감리회 해외여선교회의 한국 여성에 대한 선교가 성공적이었음을 뜻하는 것이기도 했다.

여성 전문 병원 보구여관

'남녀노소를 불문하고 어떤 병에 걸렸든지 매일 열시에 빈 병을 가지고 미국 의사를 만나시오'란 한글 간판을 달고 문을 연 시병원에는 많은 환자들이 모여 들었다. 특히 가난한 환자들을 무료로 진료해 줄 뿐 아니라 생활까지 책임져 준다는 소문이 나고 제중원보다도 시설이 좋다는 소문까지 나면서 환자들이 줄을 이었다. 그 결과 스크랜턴 의사는 1886년부터 1887년까지 1년 동안 2천 명의 환자를 진료하는 초인간적인 활약을 보였다.

그럼에도 불구하고 여성 환자들의 치료에는 제약이 많았다. 여전히 '남녀유별'이 남아 있는 풍토에서 아무리 '남녀노소를 불문하고 오시오'라고 하여도 많은 여성 환자들은 병원에 오기를 꺼

김에스더

1887년 문을 연 우리나라 최초의 여성 전문 병원 보구여관. 로제타 셔우드가 파견될 당시 보구여관에는 여 감독 겸 간호사인 '사라'(일명 봉선오마니)와 시장보기와 돈 바꾸는 일 등 병원의 모든 일을 도맡아 하는 '귀수', 그리고 요리사 등이 있었다. 이 사진에는 보조원으로 일하는 이화학당 학생들도 함께 찍은 것으로 추정된다.

려했고 오더라도 남자 의사에게 진찰 받는 것을 부끄러워하며 진료 지시를 순순히 따르지 않았다. 그 결과 제 때에 간단한 치료만으로도 나을 수 있는 병을 키워서 심각한 상태가 되는 일이 종종 벌어졌다. 이를 안타깝게 여긴 스크랜턴 학당장은 미감리회 해외여성선교부에 한국 여성들만을 위한 병원 설립 기금을 마련해 줄 것과 여의사를 파견해달라는 요청을 하였다.

스크랜턴 의사가 한국에 와서 정한 의료 선교 방향은 크게 네 가지였다. 첫째, 국내 각 지방을 순회하며 의료 전도 활동을 벌이는 것. 둘째, 서울 중심부에 현대식 시설을 갖춘 병원을 건립하는 것. 셋째, 제물포에서 의료 사업을 개시하는 것. 넷째, 동대문에 시약소를 설치하는 것이었다.

이와 같은 계획 아래 서울 동대문과 인천 제물포에 시병원과 비슷한 형태의 병원을 더 세울 계획을 하였다. 그러나 인력 부족으로 바로 실현하지 못하고 있는 터에 스크랜턴 학당장의 청원이 있자 우선 여성 전문 병원 설립으로 계획을 바꾸게 된 것이다.

미감리회 해외여선교부에서는 1887년 10월 선교사 로드와일러(Louisa C. Rothweiler)와 여의사 하워드(M. Howard)를 한국에 파견하였다. 하워드는 시카고의학교를 졸업하고 미감리회 해외여선교부 노스웨스턴 지부의 후원으로 한국에 오게 되었다. 하워드는 곧바로 스크랜턴 의사의 병원에 방 하나를 빌려 여성 환자들을 진료하기 시작했다. 우리나라 최초의 여성 전문 병원 보구여관의 시작이었다. 이 병원은 비록 외국인이지만 여의사가 여성 환자만을 치료한다는 소문이 나서 1년 사이에 2천여 명의 환자가 몰려들었다.[16] 1년 후인 1888년 11월 이화학당 구내의 한옥 한 채를 병원으로 개조함으로써 비로소 독립된 병원이 차려졌는데, 고종 황제는 이 병원에 '여성을 보호하고 구하라'는 의미에서 '보구여관(保救女館)'이란 이름을 하사하였다.

하워드는 병원에 오는 환자만 진료하는 게 아니라 고위 관리들과 바깥출입이 자유롭지 못한 상류층 여성들을 위한 왕진도 하는 등 헌신적으로 의료 활동을 펼쳤다. 그 결과 한국에 도착한 후 3년간 치료한 환자 수만 3,000명에 달하였다[17]고 한다. 그러나 이같은 초인적인 활동은 곧 하워드의 몸을 상하게 하였고 더 이상 환자를 돌보기가 어려워지자 1889년 본국으로 돌아가게 되었다. 그 후 1년간은 스크랜턴 의사가 시병원과 보구여관을 같이 운영했다.

미감리회 해외여성선교회는 보구여관에 이어 1893년 동대문에 보구여관의 분원 격인 볼드윈 진료소(Baldwin Dispensry)를 개설하여 두 개의 진료소를 운영하였다. 1899년에는 보구여관에 있던 입원실을 동대문으로 이전하여 볼드윈 진료소는 동대문병원으로 승격하였고 보구여관은 외래 진료 일만 보면서 이화학당 학생들의 양호실 역할도 계속하였다.

미감리회 해외여성선교회의 여성 의료 사업은 꾸준히 성장하여 1904~1905년 1년 동안 동대문 진료소와 광혜여원의 입원실과 진료실, 보구여관 진료소에서 1만3,446명의 여성 환자를 치료하였다.[48]

김에스더

외국인들이 아이를 잡아먹는다?

조선인들이 외국인에게 갖는 두려움은 1888년 발생한, 이른바 '영아소동(Baby Eating)'으로 표면화 되었다. 이는 조선인들이 외국인에게 갖는 두려움을 이용하여 외국인을 '서양 도깨비', '서양 귀신'이라 매도하며 서양의 신문물을 받아들이려는 개화파를 견제하기 위해 만들어낸, 우민정책이었다.

육영공원 교사로 와있던 조지 길모어(George Gilmore)는 자신이 조선에서 겪은 체험을 기록한 《서울 풍물지》(집문당, 1999년)에서 영아소동의 경험을 이렇게 쓰고 있다.

"… 청나라 대사(위안스카이를 말함), 즉 자칭 '총리'는 이러한 방해 공작에 마음과 손이 일치하는 사람이다. 그 결과 자신에게 익숙한 모든 기법과 수단을 총동원하여 이 나라를 개방하려는 경향에 맞서 싸우려 애쓴다. 예를 들어 1888년 여름에 몇몇 아이들을 훔쳐서 노예를 팔았다는 사실이 드러났다. 그 당시 흥분 상태가 매우 급속하게 번졌고, 위에서 말한 중국인은 이러한 흥분의 불길에, 첫째로 일본인들이 아이를 사서 그들을 요리해서 먹고, 다음으로 외국인들이 그들을 사서 약으로 만들며, 다시 이들 희생자의 눈을 뽑아 사진을 제조하는데 사용한다는 소문을 교묘하게 확산시키는 것으로 부채질을 더하였다. … 이 나라의 수도는 흥분의 소요로 빠져 들었다.

외국인들이 길거리에 보일 때면 사람들은 눈썹을 치켜뜨며 노려보았다. 원주민들은 무리 지어 다니면서 두어 번은 몇몇 못 된 선동꾼이 '저기 아이 도둑놈이 지나간다!'고 외치는 통에 군중들에 의해 발로 밟혀 죽은 경우도 있었다. … 국왕은 그 소문들은 거짓이며, 다들 진정할 것을 명하는 포고문을 내걸었다. … 그 같은 소문을 유포하다가 체포된 자는 즉시 구금되고 처벌을 받을 것이며, 모든 무질서는 즉각 진압되어야 할 것이라는 엄중한 칙령이

김에스더

뒤따랐다.

그 사이에 온갖 종류의 협박이 외국인들에게 가해졌다. 외국인들에게 봉사하는 한국 사람들에게도 위협이 가해졌고 한번은 떼를 지어 공격을 당하였다. … 몇몇 외국인들은 하도 겁을 먹었던지라 가장 긴요한 가재 도구를 짐으로 꾸려 놓고 필요한 때가 되면 성벽을 기어오르도록 어렵게 밧줄과 갈고리를 구하는 것으로, 한 순간의 경고가 있을 때 30마일이나 떨어진 항구로 이동할 준비를 갖추었다.…"

당시 서울에 있던 외국인들은 매일 밤 문단속을 철저히 하는 등 예방책을 강구해야 했다. 조지 길모어의 경우 연발소총과 리볼버 권총을 항상 휴대하고 만일의 사태에 대비할 정도였다.

이화학당도 영아소동이 가라앉을 때까지 학생들을 집으로 돌려보내야 했고 학교 문도 닫아야 했다.

윌리엄 제임스 홀과
로제타 셔우드

보구여관을 세워 많은 환자들을 진료한 하워드 선교사는 2년 만에 건강상의 이유로 돌아갔고 그 후임으로 1890년 10월 여의사 로제타 셔우드(Rosetta Sherwood, 1865~1951)가 조선에 왔다.

로제타 셔우드는 1865년 미국 뉴욕 리버티에서 태어나 체스넛릿지 학교에서 초등교육을 받은 후 리버티 노멀인스티튜트를 졸업했다. 그곳에서 초등학교와 고등학교 교사 자격을 취득한 로제타 셔우드는 펜실베이니아 여자의과대학에 들어가기 전 1년간 체스넛릿지 학교에서 교편을 잡았다.

로제타 셔우드가 의료선교사가 되기로 결심한 것은 당시 인도의 의료선교사로부터 인도에 의료선교사가 절실하다는 얘기

김에스더

를 전해 듣고 나서였다. 그는 펜실베이니아 여자의과대학에 들어가 의사 자격(M.D.)을 얻었고 스테이튼섬의 어린이병원에서 인턴 과정을 마친 후 뉴욕의 빈민가 시료원 문을 두드렸다. 그 전에 미감리교 여성해외선교회에 선교사 신청서를 제출해 놓은 상태였다. 뉴욕시료원에는 윌리엄 제임스 홀(William James Hall, 1860~1894, 이하 닥터 홀)이라는 캐나다 출신 의사가 의료 선교를 하고 있었다. 닥터 홀은 로제타 셔우드를 면접하는 과정에서 첫눈에 반해 이내 청혼을 하였다. 그러나 이미 해외선교사로 나가기로 마음먹은 로제타 셔우드는 개인의 행복보다는 하나님의 뜻이 우선이라고 생각하였으나 결국은 닥터 홀과 약혼을 하게 되었다. 또한 본래 중국에 갈 희망했으나 잘 알려지지 않은 조선으로 파견된 것도 하나님의 뜻이라 생각했다. 로제타 셔우드가 한국에 온 것은 1890년 10월이었다. 8월에 샌프란시스코를 떠나 18일만에 일본 요코하마에 도착한 로제타 셔우드는 이화학당에서 일할 예정으로 같이 온 마거리트 벵겔(Margaret J. Bengel)과 함께 배를 갈아타고 고베에 온 후 또 다른 배를 타고 나가사키를 거쳐 부산

의사선교사 로제타 셔우드(Rosetta Sherwood, 1865~1951). 하워드 선교사의 후임으로 보구여관 의사선교사로 조선에 와, 김점동이 의사가 되는데 결정적인 영향을 끼쳤으며 우리나라 여성의료인 양성과 맹인 교육에 평생을 바쳤다. 자신보다 1년 늦게 조선에 파견된 윌리엄 제임스 홀과 결혼하여 로제타 홀, 혹은 홀 부인으로 불리었다

김에스더

의사선교사 윌리엄 제임스 홀(William James Hall, 1860~1894). 캐나다 출신으로 1891년 조선에 왔으며 먼저 와 있던 로제타 셔우드 선교사와 1892년 결혼하였다. 평양에서 의료 선교사업을 하다 1894년 발진티푸스로 운명하였다. 부인 로제타 셔우드는 홀을 추모하기 위하여 평양에 기홀병원(홀 기념병원)을 세웠다. 그의 아내 로제타 셔우드, 아들 셔우드 홀과 며느리 매리언 홀 모두 의사선교사로 조선에서 봉사하였으며, 가족 모두 서울 양화진 외국인 묘소에 묻혀 있다.

에 도착했다. 부산에서 며칠을 머문 뒤 다시 배를 타고 제물포에 도착 마침내 서울에 입성할 수 있었다.

로제타 셔우드의 약혼자 닥터 홀 역시 중국 선교를 신청해 놓고 기다리는 중이었다. 그러나 파견할 자금을 모으지 못해 늦어지고 있었는데 1891년 한국에 있던 스크랜턴 가족이 안식년 휴가로 미국에 돌아왔다. 이에 미감리교여성해외선교회에서는 닥터 홀을 스크랜턴의 후임자로 임명해, 닥터 홀 역시 조선으로 오게 되는 극적인 일이 일어났다.[51]

그런데 초기 한국에 온 선교사들은 교사와 의사 역할을 명확하게 구분지어 일하지는 않았던 것 같다. 이화학당에서 학생들을 가르치다가도 필요하면 병원 일을 도왔고, 의료선교사들도 진료하는 틈틈이 학교에서 생리학 같은 과목을 가르치기도 하였다. 이화학당 학생들에게는 교실이 학교에만 있는 게 아니라 보구여관에도 있어서 생리학, 약제학 같은 과목을 배우는가 하면 진료 보조원으로서 실무도 익힐 수 있었다.

로제타 셔우드가 서울에 도착해 받은 조선의 인상기를 상세히

적어 가족에게 보낸 글을 보면 알 수 있다.

"… 이 환자는 열여섯 살 난 소녀로 약 50킬로미터나 떨어진 시골에서 가마를 타고 왔다. 소녀는 몇 년 전에 화상으로 손가락 세 개가 손바닥에 붙어 있었다. 조선에서는 여자가 16세가 될 때까지 결혼하지 못하면 집안의 큰 흉이 되어 수치스럽게 생각한다. 이 소녀는 성격이 밝고 아름다웠는데도 아직 혼처가 정해지지 않았다. 이것은 손 때문이라고 생각되었다. 나는 이 소녀를 입원시킨 후 에테르로 마취를 시킨 다음 수술을 했다. 수술한 손가락마다 붕대를 따로 감고 즉시 손가락들을 펴서 부목을 대어 단단히 맸다. 방부 처리를 하고 시술했는데 결과는 매우 성공적이었다. … 나는 매우 조심스레 그녀의 손에 남아 있는 피부를 늘려서 상처를 덮었으나 피부가 모자라서 보기 싫은 흉터가 남게 되었다. 피부 이식 수술을 하기로 했지만 통역할 사람이 없어서 미스 윤(이 소녀를 나는 미스 윤이라고 불렀다)에게 이 식피술의 필요성을 이해시킬 수 없었다. 그래서 먼저 내 몸에서 피부를 떼어낸 다음 환자의 몸에서 필요한 피부를 떼어내려고 했지만 환자는 나의 의도를 알아차리지 못했다. …나는 내 상처를 잘 싸매고 그 다음날까지 기다렸다가 로드와일러 양에게 통역을 부탁했다. 이런 방법으로 피부를 이식하지 않으면 상처가 아무는데 매우 긴 시간이 걸린다는 점을 그들에게 설명해 달라고 했다.

로드와일러 양과 뱅겔 양이 자기들의 피부를 떼도록 허락했고 학교에서 말괄량이로 소문난 봉업이도 팔을 내밀고 피부를 떼라고 했다. … "

김에스더

소녀 통역사와
로제타 셔우드의 만남

 당시 이화학당에는 26명의 학생들이 있었다. 7세에서 17세까지의 소녀들로 구성돼 있었으며 나이가 많은 학생들은 결혼식이 곧 졸업식이 되기도 하였다. 그런데 신부감이 기숙사에 있는지라 함을 기숙사에서 받기도 하였다. 이때는 스크랜턴 학당장이 신부의 어머니를 대신하여 함을 받곤 했다고 로제타 셔우드는 회고하고 있다.

 스물여섯 명의 학생을 가르치기 위하여 선교사 선생들 외에 조선인 선생도 두 사람 있었다. 조선인 선생 중 한 명은 한문을 가르쳤고 다른 한 명인 이경숙 교사는 조선어 읽기와 쓰기, 작문을 가르쳤다. 로드와일러는 성경과 지리, 산수를 한국어로 가르쳤으며 상급 학생들에게는 산수를 영어로 가르쳤다. 벵겔은 영어의 읽기, 쓰기, 작문과 미용체조도 가르쳤으며 로제타 셔우드는 심리학과 약물학을 가르쳤다. 학생들은 각자 자기 방을 정리해야 하고 바느질과 요리도 배웠다.

로제타 셔우드는 학생들이 아플 때 외에는 접촉할 기회가 없어 스물여섯 명의 학생 모두를 잘 알고 있지는 않았으나 '두 소녀'에 대해서는 특별한 관심을 보이고 있었다.

"우리 학교의 다른 두 소녀에 대해서도 좀 이야기를 해야겠다. 나는 이 소녀들을 진료소에서 나를 도울 수 있도록 훈련시키고 있다. 한 아이는 아버지가 서울에 사는 조그만 일본 소녀이고 또 한 아이는 조선 소녀다. 열네 살쯤 된 이 두 소녀들은 3년 동안 같이 학교를 다닌 친구다. 조선 소녀의 이름은 '점동'인데 영어를 아주 잘하기 때문에 아주 좋은 통역사지만 약제실 일을 좋아하지 않는다. '오와까'라 부르는 일본 소녀는 약제실 일을 좋아 해서 꼬마 약제사가 될 것으로 예상한다. 실제로 이 아이는 아주 꼬마인데도 대단히 용기가 있다. 이 꼬마 소녀는 내가 도착하자 이런 편지를 써서 주었다.

'당신이 병난 조선 사람들을 도와주러 와서 기쁩니다. 나는 영어를 잘 할 줄은 모르지만 당신을 돕고 싶습니다. 벵겔 선생님이 제게 영어를 가르치고 당신이 의학용어를 가르쳐 준다면 얼마 후에 나는 이 두 가지를 다 할 수 있을 것입니다.'

이 두 소녀는 이미 내게 큰 도움이 되고 있다. 한 아이가 일본 소녀라는 것은 참으로 다행이다. 일본인이기 때문에 대낮에도 나와 거리를 다닐 수 있기 때문이다. 점동이는 밤에만 가마를 타고서야 나와 거리에 나갈 수 있다. 이 두 소녀를 훈련시키는 것은 나를 돕는 데만 쓰자는 게 아니다. 그들의 시야를 넓혀 장래에 쓸모 있는 사람이 될 수 있도록 하는 것이다."

로제타 셔우드의 회고처럼 에스더의 영어 실력은 다른 학생들이 따라오지 못할 정도로 뛰어났다. 에스더는 매일 몇 시간씩 보구여관에 보내져 셔우드의 통역을 했다.

로제타 셔우드는 '여성을 위한 의료 사업은 여성의 힘으로'라는 표어를 내걸고 의학훈련반(Medical Training Class)을 만들었다. 매일 보구여관에 와서 일을 돕는 에스더와 일본인 소녀를 포함해 다섯 명의 학생들로 구성된 반이었다. 이들은 로제타 셔우드로부터 생리학과 약물학 등을 배우는 한편 진료소에서 약은 어떻게 조제하는지, 환자는 어떻게 돌봐야 하는지 등의 실습 훈련을 받았다.

한번은 로제타 셔우드가 어린 학생들에게 인체학을 가르칠 요량으로 남산 성 밖에서 주운 사람의 해골을 가지고 왔다. 그러나 몇 년 전 일어난 '영아소동'을 기억하는 다른 선교사들은 기겁을 하며 주의를 주었다.

'외국인들이 조선 아이들을 데려다 잡아먹고 약으로 쓴다'는 유언비어가 퍼져 한때 학교 문을 닫는 것은 물론 선교사들은 생명의 위협까지 받는 심각한 상황이 겨우 가라앉은 지 얼마 되지 않았는데, 사람의 뼈를 교습용으로 쓴다면 또 어떤 소동이 일어날지는 불 보듯 뻔했기 때문이었다. 로제타 셔우드도 '영아소동'의 심각성을 들은 바 있는지라 공개적으로 사용하는 일은 포기했다. 대신 자기 방에서 개별적으로 보여주며 사람의 인체에 대해서 가

김에스더

로제타 셔우드의 소녀 보조원 시절 김점동.

르쳐 주기로 했다.[53]

점동을 포함한 의학훈련반 학생들은 아직 어린 소녀들이었지만 셔우드의 교육과 실습을 통해 아주 유용한 보조원이 되어 갔다.

로제타 셔우드의 기억처럼 처음에 에스더는 의학 공부를 하는 것보다는 통역하는 일을 더 좋아했다. 특히 수술 보조를 할 때는 매우 무서워서 움츠러들기까지 했다.

그런데 에스더의 마음을 움직이는 일이 일어났다.

어느 날 입술이 갈라진 아이 하나가 병원에 들어왔다. 구순구개열, 흔히 언청이라고 부르는 병이었다. 아이는 사람들의 시선이 자신에게 쏠리자 부끄러움에 고개를 들지 못했다. 당시 한국의 의술로 볼 때 언청이는 평생 놀림을 받아야 하는 불치병이었다. 그러나 로제타 셔우드는 "수술하면 정상이 될 수 있다."고 하였다. 에스더의 통역에 아이의 부모는 놀랐다. 아이의 수술이 시작되고 수술 칼이 얼굴에 닿자 피가 쏟아졌다. 지켜보는 에스더가 더 떨렸다. 며칠 후 아이의 얼굴에서 붕대를 풀었다. 정상으로 돌아온 아이를 보며 부모는 감격의 눈물을 떨구었다.

김에스더

보구여관 의사들과 간호사, 소녀 보조원들.

언청이 환자가 수술을 받고 멀쩡한 모습으로 바뀌는 놀라운 현실을 옆에서 지켜본 에스더는 친구들에게 '나도 이런 수술을 해낼 수 있으면 좋겠다'고 선언을 했다. 이후로 의사가 되겠다는 그녀의 결심은 절대 바뀌지 않았으며 하느님이 그 길을 열어 주실 것이라 굳게 믿었다.

에스더는 로제타 셔우드의 통역을 맡으면서 누구보다도 친해졌다. 두 사람은 편지를 주고받았는데, 이 편지를 통해 에스더의 일면을 엿볼 수 있다.

"나의 소중한 친구님! 당신에게 이야기를 들려드릴게요. 당신은 미국 사람이고 나는 한국의 소녀입니다. 그러나 나는 당신을 언니처럼 좋아하며 당신 역시 나를 동생처럼 좋아해 주길 원합니다. 예수님은 우리의 가장 큰 형제님이며 나와 당신은 예수님의 여동생들입니다. 오늘 나는 기쁨에 가득 차 있습니다. 오늘 나는 아주 밝은 빛으로 빛나고 있습니다."

또 다른 때 보낸 편지는 사뭇 다른 분위기에서 썼음을 알 수 있다. 아마도 꾸중을 들은 후였던 것 같다.

김에스더

"당신은 나보다 현명합니다. 나는 현명하지 못해요. 똑똑치 못한 저를 생각하시어 제발 490번 용서해 주세요, 나의 소중한 의사님. … 내 마음이 얼마나 좁고 좁은지 당신은 잘 알 것입니다. 저는 말할 수도 없이 속이 좁아요, 화도 빨리 냅니다. 내 마음은 마치 난로 같아서 아주 빨리 빨갛게 달아오르곤 합니다. 나는 내 마음이 유리처럼 깨끗하고 투명해지길 바라며 이 세상처럼 넓어지길 바랍니다. 하나님은 우리의 아버지이십니다. 하나님은 언제나 당신과 나를 돕고 계시며 당신과 나의 마음을 꿰뚫어 보십니다. 하나님은 당신을 한국에 보내셨고 또 나를 이 집에 보내셨습니다. 하나님은 내가 오랫동안 당신을 돕길 원하시는 것 같습니다. 그러니 백년이 지나도, 미국에 돌아가시더라도 제발 나를 잊지 말아주세요."

44 《Annual Report of Missionary Society of the Methodist Episcopal Church》 1887, p.315

45 《상동교회를 중심으로 한 나라와 교회를 빛낸 이들》 기독교 대한감리회 상동교회, 1988, p.19

46 《Annual Report of Missionary Society of the Methodist Episcopal Church》 1888, p.340

47 《20th Annual Report of the W.F.M..S. of the Methodist Episcopal church》 1889, p.68

48 《Women's Foreign Missionary Society of the Methodist Episcopal Church》 Repoprt for 1904~1905, p.190

49 1888년 6월에 일어난 소동을 말한다. 서양 선교사들이 한국 아이들을 잡아다가 삶아 먹거나 미국에 노예로 팔아넘긴다는 소문으로부터 시작되어 선교사들이 운영하는 학교는 아이들을 잡아 가두는 수용소라는 소문이 돌면서 선교사들이 세운 학교는 임시 휴교에 들어갔고 선교사들은 바깥출입을 금해야 했다.

50 George W. Gilmore, 《Korea from its capital : with a chapter on mission》Presbyterian Board of Publication and Sabbath School Work, 1892, pp.83~85

51 닥터 셔우드 홀, 《닥터 홀의 조선회상》 김동열 역, 도서출판 좋은 씨앗, 2013, p.52~62

52 닥터 셔우드 홀, 《닥터 홀의 조선회상》 김동열 역, 도서출판 좋은 씨앗, 2013, P.86

53 닥터 셔우드 홀, 《닥터 홀의 조선회상》 김동열 역, 도서출판 좋은 씨앗, 2013, p.96

 김에스더

54 〈The Story of the First Korean Woman Doctor〉《The Gospel in All Lands》1899, June, p.269

제 4장

박에스더

박유산과 결혼하여 박에스더가 된 점동은 1896년 볼티모어 여자의과대학에
입학한지 4년만인 1900년 의학사(M.D.) 학위를 받아냈다.
에스더는 오직 하나님을 믿고 의지하는 신앙심과 곧 조선에 돌아가 가난하고
병든 이들을 돌봄으로써 자신이 받은 은혜를 갚겠다는 신념 하나로
모든 어려움을 이겨내고 조선 최초로 여의사가 된 것이다.

김에스더에서 박에스더로

로제타 셔우드의 약혼자인 닥터 홀은 로제타 셔우드보다 1년 늦게 조선에 왔다. 그의 사명은 조선에서 새로운 선교 기지를 찾는 것이었다. 그래서 조선에 오자마자 오지 탐사를 해야 했다. 닥터 홀은 이미 조선에 와 있던 조지 히버 존스 목사와 함께 의주까지 갔다가 평양을 거쳐 서울로 돌아오는 계획을 세웠다. 도보로 서울을 출발해 경유하는 곳마다 의료 선교 활동을 펼쳤다. 이때 같이 한 존스 목사는 오지 여행에 대해 이렇게 기록했다.

"그때, 함께 한 의사에게서 나는 진정한 선교사 정신을 보았다. 병에 고통 받는 시골 사람들을 치료해 준다는 자체가 그에겐 대단한 기쁨이었다."[55]

박에스더

오지 여행을 통해 평양이 최적의 선교 기지라는 보고서를 제출한 닥터 홀은 로제타 셔우드와의 결혼 준비를 서둘렀다. 1892년 6월 27일 닥터 홀과 로제타 셔우드의 결혼식이 열렸다. 신랑은 캐나다인이고 신부는 미국인, 주최국은 조선인, 사실상 조선에서는 처음 치러지는 국제 결혼식이었다.

스크랜턴 학당장의 집 정원에서 열린 이 결혼식에는 세 나라 국기가 휘날렸고 스크랜턴 학당장의 주재 아래 식이 거행되었다. 주례 올링거 목사와 부 주례 벙커 목사의 인도로 결혼식이 진행되었다. 결혼식 후 스크랜턴 집에서 열린 피로연에는 중국인 요리사 스튜어드가 큰 케이크를 만들어 장식했고 조선의 궁전 악대의 연주가 울려 퍼지는 글로벌한 결혼식이었다.[56]

로제타 셔우드는 닥터 홀과 결혼함으로써 남편의 성을 따라 로제타 셔우드 홀(이하 홀 부인)이 되었고 사람들은 로제타 셔우드를 홀 부인이라고 불렀다. 그런데 신혼여행에서 돌아오자마자 남편 닥터 홀은 평양에 선교기지를 개척하러 떠나야 했고 홀 부인은 보구여관을 지켜야 했다.

그렇게 1년여가 지난 1893년 8월, 감리교연례회의에서는 닥터 홀과 홀 부인에게 평양에 가서 선교기지를 개척하라는 결정이 내려졌다. 그 동안 서울과 평양을 오가던 닥터 홀은 비로소 아내와 함께 평양에서 살 수 있게 되었다.

평양으로 가게 되면서 홀 부인은 에스더도 같이 데려가려고 하였다. 로제타 홀에게 있어 에스더는 아주 든든한 지원군이었기 때문이다. 그러나 과연 그 결정이 에스더를 위한 최선의 방법이었는지는 고민하고 또 고민한 끝에 결정한 것이었다.[57]

에스더의 결혼도 그런 연유에서 추진되었다. 당시 조선의 여성들은 열네 살이 되기 전에 혼인을 해야 했다. 무당이나 몸이 불편한 사람, 또는 병자들의 경우에는 중신애비가 나서지 않았지만 그 외의 소녀들은 십대 중반이 되면 결혼하는 게 당연한 순서였다. 그러니 이미 열여섯 살이나 된 에스더를 바라보는 주변의 시선이 그리 곱지만은 않았다. 에스더가 무슨 이유로 결혼하기 싫어하는지 사람들은 수근 댔다. 병원에 입원해 있는 환자들도 에스더를 보면 "저렇게 큰 처녀가 왜 결혼을 하지 않는 거야, 무슨 문제

라도 있는 건가?"하고 큰 소리로 묻곤 했다.[38]

당시 에스더의 아버지 김홍택은 세상을 떠났고 두 언니는 결혼한 상태였다. 그의 어머니와 가족들은 에스더가 더 이상 사람들 입에 오르내리는 수모를 당하게 하고 싶지 않았다. 그래서 어서 빨리 그를 시집보내려 했다. 에스더의 결혼을 서두른 사람 중에는 그를 딸처럼 여기는 스크랜턴 학당장도 있었다.

열여섯 살의 한창 예쁜 나이의 에스더는 키가 컸고 영어에 능통하며 의학 공부까지 하고 있는 재원이었다. 지금도 그렇지만 당시 여학교에 다니는 학생들은 거의 다 자기 집안보다 나은 집안으로 시집을 갔다. 에스더의 집안에서도 비기독교인일지언정 자신들보다 나은 집으로 에스더를 시집보내고 싶어 했다.

그런데 닥터 홀이 데리고 있는 사람 중 박유산이란 청년이 홀 부인의 눈에 들어왔다. 박유산은 닥터 홀이 1892년 가을 순회선교를 위해 평양으로 갈 때 마부로 고용했던 사람이었다. 그의 아버지는 지방의 훈장으로 박유산을 공부시키고 싶었으나, 공부에 뜻이 없던 박유산은 서울로 와서 마부 일을 하고 있었다. 박유산

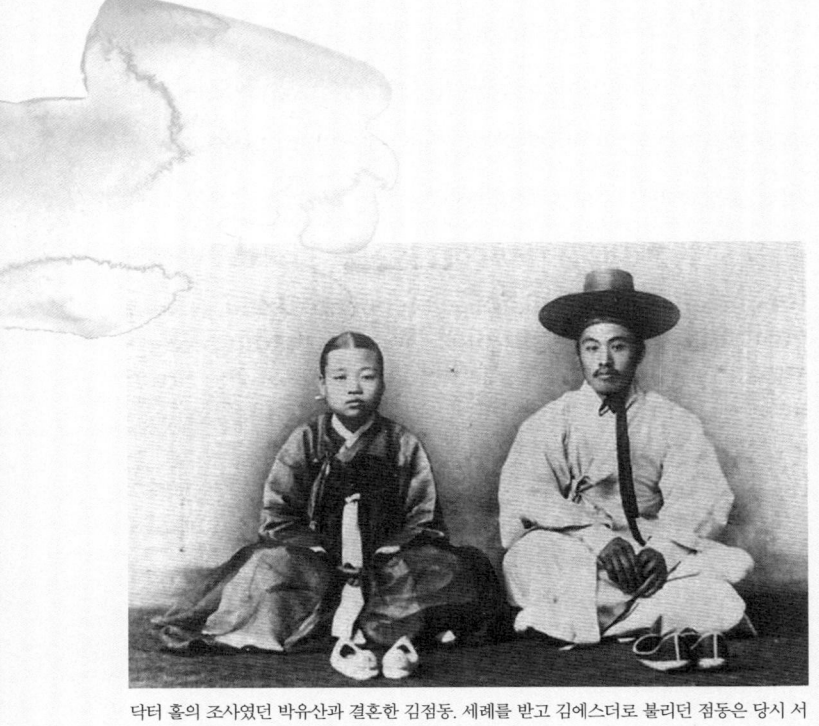

닥터 홀의 조사였던 박유산과 결혼한 김점동. 세례를 받고 김에스더로 불리던 점동은 당시 서양 풍습에 맞춰 남편의 성을 따라 박에스더로 불리게 되었다.

🌸 박에스더

은 닥터 홀과 함께 평양으로 가면서 닥터 홀의 행동거지를 보며 큰 감명을 받고 기독교에 관심을 가지게 되었다. 닥터 홀은 그에게 성경을 가르치면서 자신의 일꾼으로 고용하였다. 박유산은 닥터 홀의 도움으로 공부도 하고 선교사업도 돕고 있었다. 그런 박유산을 에스더의 남편감으로 추천하기에 앞서, 닥터 홀은 먼저 박유산에게 어떤 신부감을 원하는지를 물었다. 하나님을 섬기면서 일하는 여자와, 가족을 위해 음식과 바느질을 잘 하는 여자 중 누가 더 좋은지를 물었다. 박유산은 하나님을 위해 일할 수 있는 신부가 더 좋다고 대답하였다. 대답을 들은 닥터 홀은 에스더의 신랑감으로 박유산을 추천하였다.[59]

결혼하기 싫어하는 에스더를 이해하는 홀 부인은 처음에는 이 결혼을 추진하지 않으려 했다. 그러나 그 자신 결혼해서 행복한 삶을 살고 있음을 깨닫고는 에스더를 설득하였다.

에스더가 결혼하기 싫은 이유는 박유산이라는 신랑감이 마음에 들지 않아서이기도 했지만, 언젠가 미국에 가서 의학 공부를 하겠다는 자신의 소중한 꿈이 결혼 생활로 인해 이루지 못할지도 모른다는 걱정이 앞섰기 때문이었다. 그러나 가족과 친척들에게 더 이상 고민거리가 되기는 싫었다. 곰곰이 생각한 끝에 결국 에스더는 관습에 따르기로 결심하였다. 이때 로제타 홀에게 보낸 편지를 보면 당시 에스더의 심정을 잘 알 수 있다.

"나의 매우 소중한 자매님! 어떻게 지내시나요? 닥터 홀 형제님도 잘 계시지요? 저는 잘 있습니다. 당신이 어제 보낸 편지를 받고 저는 매우 기뻤습니다. 당신은 아주 생소한 단어들을 많이 쓰셨더군요. 이제 아직 한 번도 말하지 않았던 그 생소한 단어[1]들에 대해 얘기하려고 합니다. 제 심정이 어떤지 아시나요? 지난 사흘 밤을 저는 혼란스러워 잠을 이룰 수가 없었습니다. 왜냐하면 저는 남자를 좋아하지 않으며 바느질을 잘할 줄도 모릅니다. 그러나 조선의 관습에서는 모든 소녀들은 결혼을 해야만 합니다. 모두 아내가 되고 남편이 되어야만 합니다. 비록 제가 남자를 싫어한다 해도 결혼을 하지 않을 수는 없습니다. 만일 하나님 아버지께서 미스터 박을 이곳에 보내셨다면, 그리고 저를 그의 아내로 삼으실 거라면 저는 기꺼이 그의 아내가 되겠습니다. 하나님이 저를 어디에 데려다 놓으시던 저는 기꺼이 갈 것입니다. 저는 부자이든 가난하든, 지위가 높든 낮든, 상관하지 않습니다. 그러나 제가 예수님의 말씀을 좋아하지 않는 사람과는 결혼하지 않을 거라는 사실을 당신은 잘 알고 있을 것입니다."

에스더와 박유산은 중신애비의 주선으로 약혼을 했고 한국의 전통 혼례 풍습에 따라 결혼식 당일까지도 서로의 얼굴을 볼 수 없었다.

1893년 5월 24일, 에스더와 박유산의 결혼식이 기독교식으로 거행되었다. 남편의 성을 따라 박에스더가 되는 순간이었다. 하지만 결혼식에서 비로소 남편을 처음 보게 된 에스더는 실망스러운 표정을 감출 수가 없었다. 그 동안 닥터 홀과 몇몇 선교사들 외에 단 한 사람의 남자와도 알고 지내지 않았던 에스더였기에 처음 남편의 얼굴을 보고 다소 실망하는 것은 어쩌면 당연한 일이었다. 그 남편은 보통의 다른 한국인 남편보다 훨씬 더 잘 생기고 좋은 사람이었음에도 불구하고 에스더의 입장에서는 미국인 남편들만 보아왔기에 더 그랬을지도 모른다.

박에스더는 결혼 후 1년이 지나서야 비로소 남편을 사랑한다고 말할 수 있었다. 그러는 중간에도 에스더는 일과 공부에 충실했고 그 어느 때보다도 쓸모 있는 사람이 되어갔다.

에스더는 '녹색 실크코트'(한복 두루마기로 추정)로 자신을 감싸고 의사를 동반하여 환자의 집에 왕진을 가기도 하였다. 쪽진 머리는 자신이 결혼한 여성임을 보여주었고 진심어린 말투는 사람들이 존경심을 갖게 했다.

에스더는 존스 부인[61]과 헐버트 부인[62]의 친절한 지도로 악기를 배워 일요일 오후 진료실에서 예배를 볼 때 오르간을 연주할 정도의 실력을 갖추게 되었다. 그는 예배에서도 유능한 지도자임을 입증했던 것이다.

또한 의료 수련도 게을리 하지 않아 곧 조제실에서 쓰는 의약품의 라틴어 이름에 익숙해졌을 뿐 아니라 처방전도 완전히 이해했다. 에스더는 외과 수술시 에테르를 투여하는 법을 배웠고 때때로 도움이 필요할 때면 한 손엔 에테르 병을 잡고 또 한 손으론 환부를 스펀지로 막기도 했다. 결국 그는 대부분 질병의 증상과 기

술적인 이름들을 외우게 되었고 1년간 6,000 사례의 병원 수련을 해낼 수 있었다.[63]

하나님이 열어주신 길은
어느 곳이든 갈 것

    1893년 8월, 감리교연례회의에서는 닥터 홀과 홀 부인을 평양에 파견하기로 결정하였다. 이는 닥터 홀이 조선의 내륙 탐사를 통해 평양이 최적의 선교기지라는 보고서를 채택한 결과였다.
    결혼한 지 1년이 넘게 평양 등 오지 탐사에 나서, 아내와 떨어져 지낸 시간이 더 많았던 닥터 홀은 비로소 아내 로제타 홀과 함께 평양에서 지낼 수 있게 된 것이다.
    그 무렵 닥터 홀 부부에게는 갓 태어난 아들 셔우드 홀이 있었다. 닥터 홀은 아내와 아들, 그리고 아들을 돌봐줄 보모를 데려가야 했고, 닥터 홀의 든든한 일꾼인 박유산과 홀 부인의 훌륭한 보조원인 에스더도 함께 가야 했다.

박에스더

홀 부인은 에스더를 평양에 데려가는 게 진정 그를 위한 길인지 신중히 생각한 다음 에스더에게 제안하였다.

서울에서 280여 킬로미터나 떨어진 평양에 가서 예수를 위해 일할 수 있느냐고 묻자 에스더는 "나는 하나님이 나를 위해 열어주신 길은 어느 곳이든 갈 것입니다. 만일 하나님이 평양에 길을 열어놓으셨다면 나는 그리로 갈 것입니다. 내 영혼과 마음을 주님께 바치겠습니다. 내 몸과 마음, 영혼은 온전히 주님의 것입니다. 사람들이 혹시 나를 죽일지라도 사람들에게 주님을 가르치는 데 내 생명을 바칠 것입니다. 나는 부자가 되거나 예쁜 것을 많이 갖기를 바라지 않습니다. 나는 오로지 예수님만을 위해 일하길 원합니다."라고 의연히 수락했다.

1894년 4월 박유산과 박에스더 부부는 닥터 홀 일행을 따라 평양 행 배에 올랐다. 당시 서울에서 평양까지 육로로 일주일이 걸렸는데 배로 가면 훨씬 빨리 갈 수 있었기 때문이었다. 그러나 제물포에서 탄 작은 기선이 태풍으로 하루가 넘게 근처 섬에 정박하는가 하면, 항해 내내 멀미에 시달리는 험난한 여정이었다.

그래도 에스더의 선교 열정을 꺾을 수는 없었다.

평양에 들어가서도 병원을 열기까지의 과정이 그리 호락호락하지 않았다. 그 동안 닥터 홀 자신이 여러 차례 답사를 하고 조수 '창식이'[65]와 박유산을 먼저 보내 선교기지 구축을 위한 준비를 단단히 하고 갔음에도 불구하고 평양 사람들은 낯선 외국인 선교사 가족을 강하게 배척하였다. 선교사회에서 구입한 한옥을 원주인에게 되돌려주라고 억지를 부리는가 하면 닥터 홀을 돕는 사람들을 잡아다 때리고 감옥에 가두기까지 하였다. 박유산도 닥터 홀이 보는 앞에서 상투를 잡히고 발로 차이는 폭행을 당해야 했다.[66]

닥터 홀은 서울 선교사회 본부와 영국 공관 등과 긴밀하게 연락을 주고받으며 겨우 박해로부터 벗어날 수 있었으나 주변 조선인들의 희생은 너무 컸다.

사태가 진정되자 닥터 홀 내외는 평양 성문 옆에 있는 한옥을 구입하여 진료소를 열고 환자를 받기 시작하였다. 당시 인구 10만의 도시 평양에서 여성과 어린이를 위한 최초의 선교 사업이었다. 에스더도 홀 부인과 함께 가마를 타고 진료소에 출근했다.

"첫날은 환자 10명을 치료하고 치료비로 엽전 500개를, 다음 날은 13명을 치료하고 900개를, 어제는 13명을 치료하고 1,200개를 받았다. 처음에는 환자들을 질서 있게 기다리게 하는 것과 한 번에 한 사람씩만 치료한다는 사실을 납득시키는데 힘이 들었다. 환자들이 기다리고 있으면 똑같은 치료를 받는다는 점을 알고부터는 쉬워지고 있다. 환자들 외에 나를 구경 오는 사람들도 많다. 그러나 우리는 환자들을 다 치료할 때까지 그들을 비켜 서있게 한다. 일이 다 끝난 다음에 나를 '구경'시킨다. 우리는 아직 전도를 시작하지는 않았다. 오늘 치료가 끝나고 나를 '구경'시킨 다음에 전도를 시작할 생각이다. 전도부터 먼저 한다면 별로 효과가 없을 것이다."[57]고 홀 부인은 일기에서 적고 있다.

그런데 평양에서 일어난 선교사 배척 사건은 미국과 영국 공사관, 감리교해외선교본부의 신경을 몹시 곤두서게 하였다. 당시 영국 공사 가드너는 조선 정부에 압박을 가하는 한편 스크랜턴 의사로 하여금 평양에 가서 홀 부인과 아들 셔우드 홀을 서울로 데리고 오라는 지시를 하였다. 혹시라도 있을지 모를 만일의 사태에 대비하여 여성과 아이는 안전하게 피신시키려는 뜻이었다.

그러나 스크랜턴 의사가 평양에 갔을 때는 이미 사태는 진정 국면에 있었다. 홀 부인과 셔우드 홀이 굳이 서울로 돌아가야 할 만큼 급박한 상황은 아니었으나 영국 공사의 명령은 따라야 한다는 것이 스크랜턴의 생각이었다. 그래서 홀 부인과 아들 셔우드 홀을 서울로 데려오려는데 공교롭게도 닥터 홀과 홀 부인은 장질환으로 고생 중이었다. 낯선 환경과 바뀐 물로 인하여 부부가 번갈아 병에 걸렸는데 스크랜턴 의사가 평양에 갔을 때는 홀 부인이 이질에 걸려 혈변을 보는 등 심각한 상태였다.

게다가 당시 조선은 말 그대로 내우외환에 시달리고 있었다. 남쪽에서 일어난 농민군 반란, 곧 동학군의 봉기로 온 나라가 어수선해져 있었고 이를 막기 위해 조선 정부는 청나라에 지원을 요청함으로써 일본의 심기를 건드려, 결국 청일전쟁의 빌미를 제공한 상태였다.

이런 상황에서 닥터 홀은 가장으로서 가족의 안전을 책임져야 한다고 생각했다. 마침 평양에는 동학군을 진압하기 위한 지원군

닥터 홀 내외가 평양에서 의료 선교를 시작했던 한옥 진료소.

을 수송하기 위한 배가 들어와 있었다. '청룡'호라는 이 배의 선장은 독일인이었다. 홀 가족 일행은 독일인 선장의 친절로 편안하게 서울로 돌아올 수 있었다.

서울에 도착한 홀 부인과 에스더는 쉴 새도 없이 노블 목사 부인의 출산을 도와야 했다.

닥터 홀 가족이 서울에 머무는 동안 청나라와 일본군은 일촉즉발의 상태로 치닫고 있었다. 1894년 7월 23일 새벽 5시 홀 가족은 요란한 총소리에 잠을 깼다. 일본군이 서울의 7개 성문을 장악했으며 20분간 더욱 요란한 총소리가 들리더니 궁궐도 일본군의 손에 들어갔다. 두 나라의 교전으로 부상 환자들이 병원으로 밀려들었다. 감리교선교회에서 운영하는 병원은 어느새 군대병원이 되어 버렸다. 닥터 스크랜턴과 닥터 홀은 부상당한 병사들 치료하느라 정신이 없을 지경이었다. 닥터 홀은 의사와 간호사, 약제사와 안내역까지 혼자 다 맡아 헌신적으로 환자들을 치료하고 돌보았다.

닥터 홀 부부의 이 같은 헌신적인 노력과 의사로서의 자세는 에스더에게 크나 큰 영향을 주었음은 말할 필요도 없다. 훗날 에스더가 자신의 몸은 돌보지 않은 채 전국을 돌며 환자들을 치료하고 보건 교육 사업에 열중한 것도 닥터 홀 부부의 깊은 신앙심에서 우러나온 사명의식을 보고 배운 것이라 할 수 있겠다.

청일전쟁과 닥터 홀의 죽음

'보국안민'(輔國安民)을 주장하며 조선 왕조에 반란을 일으킨 동학군은 본래의 의도와 상관없이 일본과 청국을 조선에 불러들이는 결과를 초래했다. 국민의 봉기에 놀란 조선 왕조가 일본과 청국에 각각 도움을 요청했기 때문이다. 그러지 않아도 조선을 통치하려고 호시탐탐했던 두 나라로서는 이런 기회를 놓칠 리 없었다. 1894년 5월 4일 청나라 군대가 아산만에 상륙했고, 그 보다 이틀 뒤인 5월 6일에는 일본군이 인천항에 상륙했다. 일본군은 서울로 들어와 경복궁을 장악했으며 7월 1일 두 나라는 조선에서 전쟁을 선포한다. 청일전쟁이 시작된 것이다.

1894년 8월에서 9월간 평양에서 일어난 두 나라간의 큰 전투는 청일전쟁의 전환점이 되었다. 청나라 군대 2만여 명, 일본군 1만여 명 희생으로 일본이 승리한 것이다. 일본은 전승국이 되었고 청나라 군대는 조선에서 철수하였다. 청나라는 일본에 유리한 교역 약정과 일본에게 네 개의 새로운 항구를 개항해야 했다. 일본은 조선을 청나라의 속국이라는 틀에서 벗어나게 하는 대신 자신의 입지를 강화시켰다. 일본은 조선 정부의 고문 역할을 자처하며 조선의 우편, 철도, 전신을 장악하는 등 조선의 내정 간섭에 나서기 시작했다.

청일전쟁이 끝나자 닥터 홀은 다시 평양으로 돌아갔다. 전쟁의 참상은 말로 표현하기 힘들 정도로 참혹했다. 거리 곳곳에 쌓인 시체에서 악취가 진동했고 위생 상태도 엉망이었다.

닥터 홀은 부상자들을 치료하는 한편, 매일 밤 그가 세워 놓은 광성학교에서 예배도 집행하였다. 그러나 매우 비위생적이고 열악한 환경에서 자신을 돌보지 않는 강행군으로 닥터 홀의 면역력은 밑바닥으로 떨어져 있었다. 그는 말라리아에 걸렸고, 좀 낫는가 싶더니 이내 발진티푸스에 걸려 고열에 시달려야 했다. 닥터 홀과 함께 있었던 모펫 목사가 닥터 홀을 데리고 서울로 돌아왔는데 오는 배 안에서도 닥터 홀의 병세는 더욱 악화되고 있었다.

병든 남편을 맞는 홀 부인의 심정은 친구에게 보낸 편지를 보면 얼마나 비통했는지 짐작할 수 있다.

"1894년 11월 19일 월요일 아침, 왕진을 가려고 약을 챙기고 있는데 그가 도착했다는 연락이 왔다. 나는 급히 아들을 안고 뛰어나갔다. 그는 병이 너무나 중해 혼자 서지를 못했다. … 그가 집에 돌아온 첫날은 표정이 밝고 유쾌해 그토록 위독한 병에 걸려 있는지 알아차리지 못했다. 그러나 그때도 열은 섭씨 40도를 오르고 있었다. … 그 다음날 밤에는 갓난아기처럼 용변을 가리지도 못할 정도였다. 수요일 아침에는 연필과 종이를 가져오라고 하더니 노블에게 이번 여행 중에 쓴 비용을 항목별로 알려 주었다. … 이런 지경에서도 그는 이처럼 공무에 철저했다. 공무가 끝나자 그는 "이제 죽든 살든 내가 할 일은 다 끝냈다. 하나님의 뜻이 날 원한다면 더 오래 일하고 싶다"고 말했다. … 목요일 아침, 그는 무엇을 쓰려고 연필과 종이를 달라고 했으나 너무 힘이 없어서 글을 쓰기가 불가능했다. …그의 눈은 슬픈 듯이 나를 바라보았다. 그가 할 수 있는 것은 "당-신-을-사-랑-하-오"라고 겨우 띄엄띄엄 한 마디 하는 것뿐이었다. 오후가 되자 그는 꼬마 셔우드를 데려와 달라고 했다. 그는 사랑하는 눈으로 셔우드를 바라보았다. … 그가 마지막으로 나에게 말하고자 애썼던 것은 "내가 평양에 갔었던 것을 원망하지는 마시오. 나는 예수님의 뜻을 따른 것이오. 그 분이 내게 갚아주실 것입니다"라는 내용이었다. … 1894년 11월 24일, 석양이 물들 무렵 그는 "예수님의 품에 안겨 고요히 잠들었다." 영원한 안식일에 다시 깨어날 때까지 편안히 잠자기 위해서…"[68]

홀 부인은 닥터 홀과 결혼한 지 불과 2년 5개월여만에 사별하게 되었다. 닥터 홀이 영면에 들 때 홀 부인의 뱃속에는 둘째 아이가 자라고 있었다. 임신 7개월째였던 홀 부인은 남편의 장례를 치른 후 뉴욕 리버티의 친정으로 돌아갈 준비를 했다.

홀 부인을 도와 병원 일과 전도 사업에 그 누구보다도 성실히 임했던 에스더는 미국에 가 의학 공부를 하고픈 마음이 간절했다.

그래서 에스더는 홀 부인에게 자기도 데려가 달라고 간청했다. 홀 부인도 에스더가 오랫동안 갈망해 왔던 의학 공부를 미국에서 할 수 있는 기회가 온 것이라고 생각해 그의 부탁을 들어 주기로 했다.

박에스더

남편과 함께 미국 유학길에

홀 부인은 에스더의 미국 유학에 대해 미북감리회 선교회에 알려 승인을 받아 냈다. 또 친구들로부터 유학경비를 모금 받기도 하였다. 이는 에스더의 유학이 공적이었음을 의미한다.

홀 부인은 처음에 에스더만 데려가려 했으나 남편과 오랫동안 떨어져 지내게 하는 것이 마음에 걸렸다. 결국 박유산과 박에스더 두 사람 모두를 데려가는 것이 현명하다고 생각했다.

1894년 12월 16일, 박에스더 부부와 홀 부인 가족을 태운 배는 일본 나가사키 항을 떠나 미국으로 향하였다. 일본에 가기까지의 폭풍우로 멀미에 시달리긴 했으나, 그 폭풍이 도움이 되어 예정대로 미국으로 가는 배를 타는 등 한 달에 가까운 힘든 항해 끝

미국 유학 시절 박에스더 부부와 로제타 홀 가족. 로제타 홀이 안고 있는 딸아이 에디스 마거리트는 세상에 태어나 3년을 겨우 넘기고 세상을 떠나갔다. 아들 셔우드는 부모의 대를 이어 의사선교사로 조선에 와 특히 폐결핵 퇴치에 평생을 바쳤다.

박에스더

에 홀 부인의 뉴욕 옛집에 도착하였다.

미국에 도착해서 박유산은 성실히 영어 공부를 하면서 자신도 공부할 생각이었으나 아내인 에스더의 재능이 더 뛰어남을 알고는 셔우드 가의 농장 일을 하면서 아내의 뒷바라지로 방향을 바꾸었다.

1895년 2월 1일 에스더 박은 뉴욕 리버티에 있는 공립학교에 입학했다. 에스더는 배워야 할 것이 많았다. 매달 과외비를 지불하며 친구 집에서 합숙하거나 기숙사에 가서 공부를 하여 미국 친구들 수준으로 자신을 끌어 올려야 했다. 그 결과 얼마 지나지 않아 에스더의 성적은 놀랄 만큼 진전을 보였다.

그 해 9월 에스더는 뉴욕 시의 유아병원에 들어갔다. 1년 이상 그곳에 근무하면서 생활비를 버는 한편, 개인교수를 찾아가 라틴어와 물리학, 수학 등을 공부하였다. 이제 다가올 가을에 의학교에 들어갈 준비는 다 해놓은 셈이었다.

1896년 10월 1일 에스더는 볼티모어 여자의과대학(Women's Medical College of Baltimore)[8]에 들어갔다. 남편은 '내가 세상에서 태어나 세 번째로 기쁜 날이었다'며 에스더의 의과대학 입학을 축하했다. 박유산에게 있어 가장 기뻤던 일은 하나님을 알게 된 것이고, 그 다음은 에스더와 결혼한 일[70]이었는데, 그 에스더가 서양 의학을 공부하는 최초의 한국인이 되었으니 자신의 일처럼 기뻤던 것이다.

에스더는 농장 일에 식당 일까지 하면서 자신을 격려해 주는 남편을 생각하면서 이를 악물고 공부했다. 보구여관에서 홀 부인을 도와 환자들을 치료했던 경험은 의과대학 실습 때 많은 도움이 되었다. 그리고 지금 배우는 모든 것을 조선 사람들을 고치는 데 쓰겠다며 단 한 마디도 놓칠 새라 집중하였다. 에스더는 아주 모범적인 학생이었다.

나라 밖으로 나가면 모두 애국자가 된다는 말이 있듯이, 에스더 역시 어쩌다 들려오는 모국 소식에 한껏 귀를 기울이며 고국을 그리워하였다. 그런데 보구여관 의사 커틀러(Mary M. Cutler, 1865~1948)가 에스더에게 보내준 독립신문에 독립문을 건축한다는 기사가 있었다. 당시 조선에서는 1896년 독립협회가 설립되어 서대문 밖에 있던 영은문[71]을 헐고 독립문을 건립하려는 운동이 한창이었다. 이때 많은 뜻있는 사람들이 건축 기금을 냈는데, 미국에 있던 에스더 부부도 그 신문을 보고 그때 돈 3원을 독립협회에 보냈다. 1910년에 쌀 한 섬이 3원이었다고 하니 가난한 유학생의 신분으로서는 상당히 큰 돈이었을 것이다. 에스더 부부의 이러한 애국심에 대해 독립신문은 "이런 사람은 외국에 간제 얼마가 못 되야 발서 자기 나라 사랑하는 마음이 도저히 생겟더라"[72]고 쓰고 있다. 이 같은 '자기 나라 사랑하는 마음'은 외세의 침략으로 인해 풍전등화처럼 위태로운 조국을 보며, 배운 사람으로서의 당연한 민족의식의 표현이었을 것이다.

조선 여성을 위해 써 달라고 헌금한 라벤나의 볼드윈 부인으로 상징되는 수많은 모금 참여가 미국 북감리회의 해외선교를 가능하게 했으며, 자신 또한 선교회의 도움으로 유학하고 있음을 잘 아는 에스더로서는 나라의 존립이 위협 받고 있는 상황에서 이를 외면하지 않고 적극 참여하는 것이 당연한 일이었던 것이다.

에스더의 이러한 기부 활동은 오늘날까지 이화여고의 아름다운 전통으로 이어져 오고 있다. 전 세계에 흩어져 있는 이화여고 졸업생들의 '모교 사랑, 후배 사랑' 모금은 매년 창립기념일이면 극에 달한다. 이러한 기부는 크게 보자면 대한민국의 인재를 길러내는 애국 행위이며 1896년 박에스더의 독립문 건축을 위한 3원 기부와도 그 맥이 통하는 것이다.

홀 기념병원과 광혜여원, 그리고 에디스마거리트 어린이 병동

미국 친정에 돌아와서 안식을 취하던 홀 부인은 평양 선교를 위해 마련된 '평양 기금'의 나머지 돈으로 남편을 기념하는 병원을 세우는 것이 남편을 기리는 방법이라 생각했다. 진정한 추모는 차갑고 비싼 대리석이나 화강석에 새긴 비명이 아니라 인간을 발전시키고 고통을 덜어주는 사업의 바탕인 병원을 세우는데 있다고 생각한 것이다.

닥터 홀의 후임으로 조선에 온 닥터 더글라스 포웰(E. Douglas Follwell)은 이러한 홀 부인의 뜻에 따라, 평양에 홀 기념병원(기홀병원)을 짓고 1897년 2월 1일 개원하였다. 한옥으로 지어진 이 병원은 선교회의 원조 없이 홀 부인과 닥터 홀의 조선인 친구들, 그리고 캐나다의 친지들의 노력으로 세워졌다.

홀 부인은 남편을 기념하는 병원 건축 기금 마련을 위해 《윌리엄 제임스 홀, M. D.의 생애》라는 책을 출간하기도 하였다.

평양의 서문 안쪽에 세워진 이 시료원은 대기실과 진료실, 약제실, 의사 사무실 등으로 구성되었다. 닥터 포웰이 진료하는 홀 기념병원이 문을 열자마자 매일 수십 명의 환자들이 찾아왔다. 첫 두 달 사이에 치료 받은 수술 환자들은 1,334명이나 되었고, 일반 환자들도 1,011명이나 되었다.

또한 서울의 보구여관도 더 많은 의료 선교사들을 필요로 했다. 1897년 가을 홀 부인은 두 아이들을 데리고 조선으로 돌아가 남편이 시작한 사업을 성사시키기로 결심했다. 감리교해외여선교회는 홀 부인에게 보구여관에서 일하도록 자리를 만들어 주었다.

또한 아들 셔우드의 생일이기도 했다. 4년 전 셔우드가 태어날 때를 떠올리며 감회에 젖어 있던 홀 부인에게, 뜻밖의 불행이 찾아왔다.

서울에 오자마자 두 아이들이 백일해에 걸린 것이다. 딸 에디

 박에스더

스의 증세가 더 심해서 폐렴으로 발전하였으나 홀 부인의 지극한 치료와 간호로 두 아이의 병은 금세 나아졌다. 이듬해 4월 홀 부인은 그토록 원하던 평양으로 발령 받아 갔다. 그런데 평양에 도착하자마자 세 사람은 이질에 걸렸고 제일 어린 에디스는 이질을 이겨내지 못하고 하나님의 품으로 돌아가고 말았다. 1895년 1월에 태어난 에디스 마거리트는 겨우 3년여 이 세상을 살다 1898년 5월 세상을 떠나간 것이다.

남편에 이어 딸까지 잃은 홀 부인의 슬픔을 어느 누가 헤아릴 수 있을까.

홀 부인은 사랑하는 두 사람을 잃은 슬픔을 달래기 위해 더욱 병원 일에 전념하였다. 하지만 의사와 선교사 이전에 어머니이자 아내였다. 아니 한 인간이었다.

"나는 하나님께서 내게 주시는 이 시련의 뜻을 알고자 노력했다. 한 번도 이에 반항하려 하지 않았다. 그러나 시간이 지남에 따라 처음에는 식별할 수 있었던 하나님의 교훈이 점점 희미해져 지금은 아무것도 볼 수 없다. 요즘은 때때로 하나님을 원망하는 마음이 일어나기도 하고 전보다 더 내 인생의 아픔이 깊게 느껴진다. 무엇인가가 잘못되어 가고 있음이 틀림없다. … 참으로 묘한 감정의 변화를 느낀다. 엄마는 생각할수록 나의 어리석음을 인식하게 된다. 사랑하는 사람들은 이미 저 세상으로 갔다. 당분간 이 세상에서는 만나지 못한다. 아빠는 엄마를 지극히 사랑했으므로 엄마의 영혼이 잘 되기를 원하실 것이다. 이 불쌍한 바보, 엄마는 이제야 자신이 무분별한 상태에 빠져 있었던 사실을 깨닫는다. 하나님께서는 계속 엄마를 자비롭게 대해 주실 것이다. 성령은 부족한 엄마의 믿음에 신앙심이 충만하도록 인도해 주시리라."

인간으로서 나약해질수록 홀 부인은 더욱 일에 매진하였다. 평양에 여성 전용 치료소를 열었다. 이 병원의 이름은 광혜여원(廣惠女院, Women's Dispensary of Extended Grace)으로 평양 감사가 지어준 것이었다. 많은 사람들이 치료를 받으며 혜택을 받으라는 뜻의 이 이름은 평양감사가 자신의 아내를 치료해 준 홀 부인에게 감사를 표시하는 의미도 담겨 있었다.

뿐만 아니라 홀 부인은 오래 전부터 계획해 온 일들을 벌이기 시작했다. 광혜여원의 부속으로 '에디스 마거리트 어린이 병동'을 짓기를 원했다. 딸아이를 추모하기 위함이었다. 친척들과 친구들이 보내준 돈과 에디스가 저금한 돈을 합쳐 모금을 했는데 1899년에는 어린이 병동을 지을 수 있을 만큼 넉넉한 자금이 되었다.

홀 부인은 평양에서는 처음으로 지어지는 어린이 전용 병원을 서양식 이층집으로 지었다. 이 병원의 트레이드마크는 시멘트로 만든 커다란 물탱크 저수장이었다. 더러운 물이 원인이 돼 이질에 걸려 생명을 잃은 딸아이를 생각하며 더 이상의 에디스 같은 희생자가 나오지 않도록 하기 위함이었다.

남편과의 사별, 의학사 취득

하지만 온갖 궂은일을 하며 아내를 뒷바라지 해온 박유산의 건강에 이상이 오기 시작했다. 그에 따라 이들 부부의 경제사정도 더욱 나빠져 갔다.

이런 여러 가지 이유로 에스더가 좌절하고 있음을 안 홀 부인은 안식년을 마치고 다시 조선으로 가기에 앞서 에스더에게 혹시 전문의가 되기를 포기하고 다시 한국으로 돌아가기를 원하느냐고 물었다. 에스더의 답은 이러했다.

"내가 여기 있는 동안 나는 당신과 함께 미국에서 살고 싶습니다. 그러나 오직 나만을 위하여 할 수는 없으며 저 때문에 (홀 부인이) 돌아가는 것에 방해가 되는 이기적인 사람이 되고 싶진 않습니다. 하지만 내가 아직 준비가 덜 되었으니 당신이 먼저 한국에 돌아가 우리의 불쌍한 자매들을 도와주었으면 합니다. 나는 하나님이 좋은 친구가 내게 도움을 줄 수 있도록 나를 보내신 것을 압니다. 만일 무사히 대학에 들어갈 수 있다면 의사가 되기 위한 공부를 포기할 생각이 전혀 없습니다. 지금 포기한다면 내겐 그 어떤 기회도 없다는 것을 잘 압니다. 그러므로 그것이 신의 뜻이라 해도 의사공부를 포기할 생각이 없습니다. 남편 역시 그 무엇보다도 간절히 내가 의사가 되기를 원하고 있습니다. 나는 최선을 다해 노력할 것이며 최선을 다하고 있습니다. 배우지 못한다면, 그때 나는 포기할 수밖에 없겠지요."

피츠버그 크리스찬 애드보케이트(Pittsburg Christian Advocate)의 볼티모어 주재원이자 에스더의 후견인이었던 스티븐스(E. B. Stevens) 부인은 1899년 4월 27일 《The Gospel in All Lands》 편집자에게 다음과 같은 글을 써 보냈다.

"에스더 박은 볼티모어 여자의과대학에서 3학년 과정을 막 이수했으며 졸업하기까지 1년간의 공부를 남겨 두고 있다. 그녀의 남편은 폐결핵으로 대학병원에 입원해 있다. 그녀는 아마도 학위를 받는 대로 한국에 돌아갈 것이다. 에스더는 모든 면에서 존경받는 만족스런 학생이며 전형적인 기독교인이다. 이는 에스더가 한국에서 펼칠 우리의 선교 사업에 매우 많은 가치를 부여할 것이라고 기대할 수 있는 대목이다. 그녀는 오로지 기부금에 의해 공부할 수 있었다. 남편은 병에 걸려 있고 생활 역시 기부금에 의존해야 하는 어려운 환경에도 불구하고 에스더는 하늘에 계신 아버지에 대한 믿음으로 밝게 생활해 나가고 있다. 또한 곧 자신의 나라로 돌아가 선교 사업을 펼칠 수 있도록 자신이 준비되고 있음을 기뻐하고 있다. 이런 그녀를 돕고 싶다면 볼티모어 톰슨가 604 E.B.스티븐스 부인 앞으로 보내면 된다."[74]

이 글에서 알 수 있듯 박에스더의 유학은 결코 순탄한 것이 아니었다. 남편이 노동을 하여 번 돈으로는 생활하기도 빠듯했다. 홀 부인의 도움과 감리교 선교부에서 보내준 성금으로 겨우 학비를 낼 수 있었는데, 설상가상 대학 3학년 때 남편이 폐결핵에 걸려 입원하게 된 것이다.

박에스더

이렇듯 주변 사람들의 도움과 자신의 처절한 노력으로 에스더는 볼티모어 여자의과대학에 입학한지 4년만인 1900년 의학사(M.D.) 학위를 받아낼 수 있었다.

에스더는 오직 하나님을 믿고 의지하는 신앙심과 곧 조선에 돌아가 가난하고 병든 이들을 돌봄으로써 자신이 받은 은혜를 갚겠다는 신념 하나로 모든 어려움을 이겨내고 조선 최초로 여의사가 된 것이다.

박에스더는 귀국 후 의료 활동을 하는 중에 "나를 사랑해준 볼티모어 여자의과대학교와 모든 친절한 교수님에 대해 진한 향수를 느낀다. 내가 일을 하면서 때때로 지칠 때에는 친절한 선생님들과의 대화를 갈망하게 되고 내가 몇몇 당황스런 진료 상황을 마주하게 될 때에는 도움을 받고픈 생각이 든다."고 의과대학 시절을 그리워하였다.

그러나 에스더의 시련은 끝나지 않았다. 졸업식을 16일 앞둔 4월 28일 남편 박유산은 끝내 숨을 거두고 말았다. 비록 신분의 차이도 있고 서로 잘 알지 못하는 상태에서 결혼하여 애틋한 정은 없었으나, 자신을 뒷바라지하기 위해 머나먼 미국에까지 와서 온갖 허드렛일로 고생만 하다 세상을 떠난 남편에 대한 미안함과 통한의 마음은 에스더로 하여금 더욱 의료 선교 사업에 몰두하게 하였다.

박유산은 고국에 돌아오지 못하고 볼티모어에 묻혔다. 그 후 오랫동안 박유산의 존재는 잊혀 있다가 재미 사학자 방선주 박사에 의해 처음으로 소개되었다. 볼티모어 한인사회에서는 2004년 1월 14일 워싱턴 한인사편찬위원장과 볼티모어 한인사 편찬 관계자들이 볼티모어 서부에 있는 로레인파크 공동묘지에 가서 박유산의 묘를 확인하였다. 박유산은 볼티모어에 묻힌 최초의 한국인이었다.[76]

그의 묘비에는 영문으로 'YOUSAN CHAIRU PAK'이라는 이름과 함께 1868년 9월 21일 한국에서 출생해 1900년 4월 28일 볼티모어에서 사망했다고 새겨져 있다. 또한 '내가 나그네였을 때 나를 맞아 주었고(I was a stranger and Ye took me in. 마태 25.35)'라는 성경 구절도 함께 쓰여 있다.

박에스더

박에스더가 의학사 학위를 받기 보름여 전 남편 박유산은 폐결핵으로 세상을 떠났다. 박유산은 한국인 최초로 미국 볼티모어 로레인파크 공동묘지에 잠들어 있다. 그의 묘비에는 마태복음 25장 35절이 새겨져 있다. "내가 나그네였을 때 나를 맞아 주었고."

우수한 성적으로 졸업한 에스더에게 의과대학 교수들은 원한다면 미국의 병원에서 취직할 수 있도록 추천서를 써주겠다며 에스더를 놓치지 않으려 했다. 그러나 에스더에게는 빨리 한국에 돌아가 여성들을 치료하고 전도하여 낙후된 조국을 깨우쳐야 한다는 일념뿐이었다.

박에스더

의사선교사로 귀국

신학월보 1900년 2월호에는 아래와 같이 박에스더의 귀국 소식을 알리고 있다.

"부인의학박사 환국하심. 박유산 씨 부인은 6년 전 이화학당을 졸업한 사람인데, 내외가 부인의사 홀 씨를 모시고 미국까지 가셨더니 공부를 잘 하시고 영어를 족히 배울뿐더러 그 부인이 의학교에서 공부하여 의학사 졸업장을 받고 지난 10월에 대한에 환국하였다. 공부가 여러 해 되었는데 그동안 박유산 씨는 세상을 떠나시고 그 부인이 혼자 계시니 섭섭한 마음을 어찌 다 위로하겠는가만…(중략)…미국에 가셔서 견문과 학식이 넉넉하심에 우리 대한의 부녀들을 많이 건져내시기를 바라오며 또 대한에 이러한 부인이 처음 있게 됨을 치하하노라."

박에스더는 볼티모어 여자의과대학을 졸업한 후 미북감리회 해외여선교사회 소속 의료 선교사 자격으로 조선에 귀국하였다. 에스더가 유학을 떠날 때 홀 부인이 미북감리회 선교회의 승인을 받아 진행되었던 것을 상기한다면 선교사로 돌아오는 것은 당연한 순서였다. 당시 미북감리회 해외여선교회의 선교사가 되려면 독신이어야 했고 조선 선교에는 여의사가 필수 요건이었는데 공교롭게도 이 두 가지 조건을 에스더가 갖추고 있어서 미북감리회 해외여선교회에서 파견하는 의료선교사 자격으로 귀국하게 되었다.

미북감리회 해외여선교회가 1887년부터 1928년까지 조선에 파견한 여성 의사선교사는 총 열 명이었는데 이 중 한 명이 박에스더이다.

우리나라 최초로 의학사(M.D.) 학위를
받은 박에스더.

[표 1] 조선에서 활동했던 미북감리회 해외여선교회 의사선교사

이름	부임	은퇴 또는 별세 또는 이한	사유
Meta Leonora Howard	1887	1889	건강 악화 사임, 은퇴
Rosetta Sherwood Hall (허을 부인)	1890	1933	은퇴
Mary M. Cutler (거들너)	1892	1933 은퇴, 1939 이한	은퇴와 이동시료소 운영
Lillian Harris	1897	1902	병으로 별세
Emma Ernsberger	1899	1911 소환·이한, 1920 은퇴	본부 소환과 은퇴
Esther K. Pak	1900	1910	병으로 별세
Mary S. Stewart	1910	1935	별세
Amanda Hillman	1911	1914	사임
Berneta Block	1927	1940	일제의 강제 추방
Evelyne Leadbeater	1928	1936	중국선교사로 부임

박에스더의 귀국을 누구보다 기뻐한 이는 홀 부인이었다. 에스더보다 먼저 조선에 돌아온 홀 부인은 남편의 유지를 받들어 평양에서 광혜여원과 어린이 전용 병원 에디스 마거리트 병동을 지어 운영하면서 에스더가 돌아오기만을 고대하고 있었다.

그러나 에스더가 귀국했을 때는 보구여관의 커틀러 여사가 안식년을 맞아 미국으로 돌아가 있어서 바로 보구여관에서 진료를 시작해야 했다. 한국 의료사상 처음으로 여의사가 진료하는 실로 역사적인 순간이었다. 미국에서 공부하고 돌아온 젊은 조선인 여의사를 찾아오는 환자는 날로 늘어났다. 1901년과 1902년 선교회에 보낸 연차보고에 의하면 해마다 3,400여 명에 달하는 환자를 에스더 혼자서 진료하였다. 이외에도 환자의 집으로 직접 왕진을 갔으며 이화학당 학생들도 치료하였다. 에스더의 진료 활동은 일요일이나 저녁 시간에도 계속 되었다. 왕진이 힘들어도 그치지 않았던 이유는 환자를 치료하면서 쉽게 전도를 할 수 있었고 전도를 통하여 개종하는 사람이 많이 나왔기 때문이었다.

그런 에스더에게 더 힘든 일은 미신에 기인한 민간요법으로 환자의 병을 더 키우거나 악화시켜 치료시기를 놓치거나 의사의 지시를 따르지 않는 것이었다. 때문에 의사선교사들은 치료 이전에 무지몽매한 사람들을 계몽시키는 일이 더 급선무였다.

한 번은 이런 일도 있었다.

'어느 젊은 부인이 폐병에 걸려 여러 한의사의 치료를 받았으나 차도가 없어 포기상태에서 죽어 가고 있었다. 이때 나에게 왕진을 청해 와서 가보았다. 내가 도착했을 때는 가족들이 이미 장례식 준비를 하고 있었다. 나의 도착은 이미 너무 늦었다고 가족들은 말하였다. 그러나 그 부인의 맥박이 아직 뛰고 있음을 발견하고는 환자를 진료할 준비를 하였다. 입을 벌려 상태를 보려고 하는데 그 부인의 입 속에 쌀이 가득 들어있는 것이 아닌가. 이것은 죽은 혼이 저승에 가는 길에 요기하도록 가족이 넣어 준 것이었다. 나는 그 쌀들을 입 속에서 빼냈다. 그런데 가족은 그 쌀을 조심스럽게 받아 싸두는 것이었다. 이유를 물으니 이 쌀이 말라리아의 특효약이라는 것이었다. 그 환자는 일주일을 더 살다가 죽었다.'

박에스더

1902년에 조선에는 콜레라가 유행하였다. 에스더는 전염병도 두려워하지 않고 환자들 사이로 들어가 치료하였으며 육신의 병뿐 아니라 마음의 불안, 두려움까지 어루만져주고자 했다. 에스더는 환자들의 집을 방문하여 약을 전하면서 복음도 함께 전하였다. 그런데 왕진을 하면서 가정에 가보면 집집마다 고양이 그림이 붙어 있는 것이 보였다. 그때 조선 사람들은 콜레라를 쥐가 옮기는 '쥐병'으로 알고 있어서, 쥐를 잡아먹는 고양이 그림을 부적처럼 붙여 놓은 것이었다.

에스더는 이러한 사람들의 무지를 깨우치고 미신을 타파하기 위해서 기독교의 진리와 위생에 관한 교육을 기회 있을 때마다 하였다. 가정을 방문하여 부인들에게 기독교를 전도하였다. 특히 안방 깊숙이 갇혀 사는 양반층 부인들의 미신은 더욱 심각한 상태였다.

1903년 3월 커틀러가 안식년을 마치고 보구여관에 돌아오자 에스더는 다시 평양의 의료선교사로 임명되어 홀 부인과 함께 의료 활동을 하게 되었다. 평양에 돌아온 첫 해 그는 병원과 진료소,

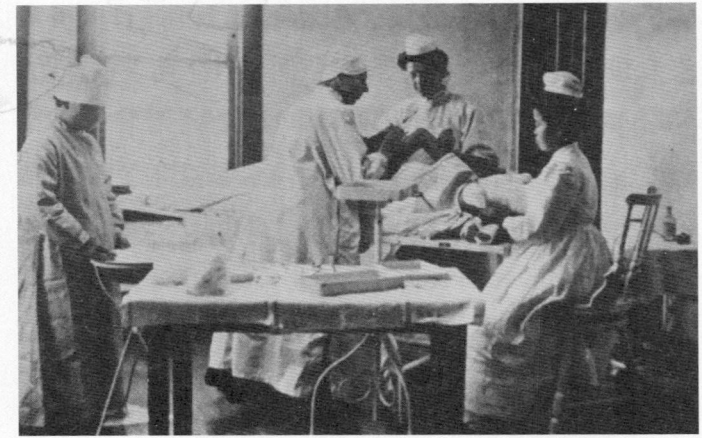

1906년 화재로 소실되어 1908년에 새로 지은 평양 광혜여원 수술실에서. 로제타 홀(왼쪽 두 번째 등을 보이고 있는 이)과 박에스더(오른쪽 앉아있는 이).

박에스더

왕진 등을 통해 4,857건을 치료하였다.[78]

1904년의 활약은 더욱 대단했다. 홀 부인과 박에스더는 1903년의 두 배인 8,638건을 치료하였다. 실제로는 훨씬 더 많은 건수를 자랑한다. 대부분의 환자들은 합병증에 걸려 찾아왔으며, 치료 내용은 수술과 안과 질환이 제일 많았고 피부병, 귓병, 부인병, 그리고 치아병도 있었다.

당시 광혜여원에서는 1년에 약 60명의 입원 환자들이 치료 받았다. 입원 환자 중 24명은 수술을 받았고 그들 중 몇몇은 여러 번 수술을 받아야 했다.

박에스더는 병원에 수술을 도울 훈련된 간호사들이 없었기 때문에 모든 것을 스스로 준비하였고, 홀 부인과 함께 두 명이 할 수 있는 최선의 수술을 하였다.

에스더와 홀 부인은 특히 부인과 수술에 일가견이 있었다. 당시 여성 환자들 중에는 방광과 질 사이에 관이 있어 소변이 새는 방광질루 환자들이 많았다. 한 젊은 여성은 6~7년간 여러 차례 누관 폐쇄 수술을 하였으나 완치되지 않다가 열 번째 수술만에 완벽하게 치료되었다. 또 다른 나이 든 부인의 경우 방광질루로 불편을 겪었는데 단 한 번의 수술로 완치할 수 있었다. 두 사람은 인공 관을 이용한 수술도 하는[79] 등 당시 한국에서는 경험하지 못한 의술을 발휘하였다. 이를 보고 사람들은 '귀신이 재주를 부린다'고 여길 정도였다.

에스더는 이제 홀 부인이 자리를 비워도 의사로서 훌륭히 자기 몫을 해냈다. 치료소의 일을 전담하는가 하면 어린이 병동의 환자들을 돌보았고 또 왕진까지 맡아 하는 바쁘고도 보람된 날을 지냈다. 게다가 에스더의 동생 김배세까지 간호사로 와 있어서 홀 부인으로서는 그 어느 때보다 든든했다.

그래서 홀 부인은 에스더에게 진료 일을 맡기고 자신은 보고서 작성과 건축 계획 등 행정적인 일과 오랫동안 계획했던 맹인 교육 사업에 전념할 수 있었다.[80]

가마와 나귀 타고 순회전도

"내가 가는 곳마다 부녀자들과 어린 아이들이 나를 구경하러 몰려들었다. 그들은 나의 가르침에 열심히 귀를 기울였다. 어찌나 열심히 듣고 자리를 뜨지 않는지 잠잘 시간마저 없었다."

이는 박에스더가 황해도 지역 순회전도사가 되어 한국 부인전도사(Bible Women)와 함께 농촌을 방문했을 때의 체험담이다. 신식 여성이 가마를 타고, 때로는 말이나 나귀를 타고 마을을 방문하여 복음을 들려주고 청결한 생활을 할 것을 가르쳐 주는 모습은 그들의 눈에 충분히 신기해 보였을 것이 분명하다.

에스더의 선구자적인 노력과 활동은 여성 환자들을 진료하면서 보고 느낀 점이 많았기에 이뤄진 것이었다. 당시 한국 사람들은 병에 걸리면 귀신이 들어온 것이라 하여 무속인을 찾아가거나 검증 되지 않은 민간요법에 의존해서 병을 잔뜩 키운 다음 마지막으로 병원에 오는 일이 허다했다. 에스더는 무지로 인해 병을 악화시키는 안타까운 사례를 자주 접하면서 이들에 대한 계몽 교육이 시급함을 느끼고 있었다. 또한 여성들이 관습에 사로잡혀 세상과 격리된 채 살아가고 있는 현실도 깨고 싶은 심정이었다.

그래서 박에스더는 감리회여선교회의 결정에 따라 진료 활동만으로도 버거운 상태에서 평안도와 황해도 일대를 돌며 위생 교육과 기독교를 전파하는 살인적인 일정을 소화해 낸 것이다.

당시 감리회 여성해외선교회에서는 매년 선교사들이 순회하면서 선교하도록 활동 지역과 활동 내용을 정하는데 한국인으로서는 유일하게 박에스더가 전국 순회 활동에 참여하였다. 이는 감리회 여성해외선교회의 연례 보고서에서 알 수 있으며 박에스더는 당시 여성해외선교회에서 인정한 유일한 한국인 여성 선교사임을 뜻하는 것이다.

[표 2] 박에스더의 활동 지역과 활동 내용[81]

연도	활동 지역	활동 내용
1900~1901	평양	여성병원 보조의사
1901~1903. 4	서울	보구여관 의사
1903. 5~1904. 3	평양	여성병원 보조의사, 황해도 구역 전도사업
1904. 4~1905. 5	평양	여성병원 보조의사, 신계 구역 전도사업
1905. 6~1910. 4	평양	여성병원 보조의사, 평양시 전도사업

조선에서 교육과 의료 활동만 하도록 제한된 선교 승낙을 받고 들어온 감리회선교사회는 이처럼 병원에서 환자를 진료하며, 학교와 성경학교 등을 통하여, 그리고 지방을 순회하며 위생 보건 계몽 활동을 하면서 하나님의 말씀을 전하였다. 감리회해외여선교사회 소속인 에스더 역시 이 세 방법을 동원하여 기독교 전파에 힘썼다.

첫째 의료 기관에서의 선교 활동의 경우, 대기실에서 순서를 기다리는 환자들에게 예수에 관한 얘기를 들려주거나 예배를 보는 식이었다. 이때 하나님에 관해 더 배우기를 원하는 사람들에게는 소책자와 책들을 빌려 주었다. 1901년과 1902년 사이 감리교에서 전도한 69명의 여성 중에는 에스더의 진료소를 통해 교회에 다니기 시작한 사람들이 있었다. 에스더는 시간이 날 때마다 직접 가정 방문을 하여 복음을 전파하기도 하였다.[82]

둘째 성경학교를 통한 선교 활동의 경우, 평양선교부에서는 1903년부터 봄, 가을에 성경학교를 개설하여 약 열흘 동안 평양과 부근 지방의 여성들을 모아놓고 성경 말씀과 위생학, 감리교의 역사, 예수의 일생 등을 가르쳤다. 에스더는 당시 질병의 주요 원인이 되는 집안 위생 문제에 대하여 강의하는 한편, 해박한 성경 지식으로 누가복음 등을 해설하였다. 이 성경학교에는 매회 100명이 넘는 학생들이 모여들었는데, 에스더가 맡은 반이 훌륭한 성과를 거두어 가장 진실한 선생님 중 한 명이라는 평가를 받기도 하였다.[83] 그러나 박에스더의 성경 해설은 1909년 가을이 마지막이었다. 셔우드 홀의 기억처럼 에스더는 부드럽고 리듬감이 있는 목소리로 성경을 가르쳐 많은 사람들이 그의 성경 해설을 그리워 하였지만 병세가 위중해져 서울 언니네 집으로 떠날 수밖에 없었기 때문이다.

셋째, 해외여선교회에서 할당 받은 지역을 도는 순회선교 활동이다. 에스더의 첫 순회선교 활동은 1903년 가을 성경학교를 마친 11월에 황해도 일대를 순회하는 것이었다. 황해도 일대 700리를 순회하였는데 방문한 곳마다 부인과 어린이들에게 복음을 전파하였다. 그 결과 많은 사람들이 기독교인으로 변화되었으며 곳곳에 교회가 세워지고 그 곳에 사는 전도부인(Bible Woman)과 남편이 운영을 하는 성과를 이룩했다.[84]

추운 날씨였으므로 에스더는 바로 위의 언니 신마리아에게 두툼한 솜을 누빈 치마저고리를 지어달라고 하여 만들어 입고는 전도와 함께 국민의 위생 의식을 계몽하는 강연을 떠나곤 했다.[85]

1904년에 에스더는 황해도 신계를 순회하며 선교했다. 이미 3년 전부터 선교 활동을 해온 곳이지만 전도하기 힘든 지역으로 인식돼 있었다. 그 곳의 한 나이 든 부인이 "나처럼 아들 하나 없는 늙은이가 기독교인이 될 수 있나요?"라고 묻자, 에스더는 그 부인과 한 시간 동안 대화를 나눈 후 그에게 기독교인이 될 수 있다는 확신을 주었다. 또 그 전에는 기독교 서적을 선물로 줄 수도 없었던 어떤 부인이 복음을 열심히 듣고 책을 사고 난 후 "나의 돌과 같이 딱딱한 마음이 오늘밤 반은 부드러워졌다."고 말할 만큼 변화가 일어났다. 신계 사람들은 모두 열심히 복음을 들었고 교회가 세워지기를 원했다. 하지만 에스더는 자신과 같은 일꾼이 적어 하나님을 더욱 알리지 못하는 현실을 안타깝게 여겼다.[86]

황해도 두못골(Tumotkol)이란 마을에는 전도 활동을 열심히 하는 예닐곱 명의 전도부인들이 있어서 기독교가 번성한 지역 중 한 곳이었다. 그런데 그 마을에 아홉 살 된 외아들을 잃은 과부가 있었다. 아들은 신앙이 깊은 기독교 소년으로 자신의 어머니를 교회로 인도하기 위해 무진 애를 썼다. 그러나 어머니가 기독교를 받아들이기 전에 아들이 목숨을 잃은 것이다. 그의 어머니는 아들 잃은 슬픔으로 하나님이 가혹하고 정의롭지 못하다고 말하였다. 이런 사연을 들은 에스더는 그 부인과 함께 기도를 하였고 기도 중에 그 부인은 하나님에 대하여 다시 생각하게 되었고 교회에 나가기 시작하였다.[87]

이처럼 박에스더는 활발한 의료 활동과 선교 활동을 하는 동시에 여성의 계몽과 지위 향상에 자신의 모든 것을 다 바쳤다. 무엇보다 여의사가 되기까지의 자신의 노력과 과정 그 자체가 여성의 의식을 일깨우고 희망과 용기를 불어 넣어주는 살아 있는 교과서가 되었다.

맹인 교육과 간호사 교육

홀 부인이 조선에 파견된 궁극의 목적은 기독교 전파, 즉 선교였고 선교의 방법으로 그는 의료와 교육 사업을 택했다. 특히 여성 의료인 양성과 맹인 교육은 그의 가장 큰 업적으로 꼽힌다.

에디스 마거리트 어린이 병동을 지은 홀 부인은 그 동안 숙제처럼 머릿속을 떠나지 않던 일을 시행하기로 하였다. 맹인을 위한 교육 사업이었다.

남편 닥터 홀이 평양에서 처음으로 전도해 신자가 된 오석형이라는 사람이 있었다. 그런데 오석형의 딸 봉래는 앞을 보지 못했다. 당시만 해도 조선에서 태어난 장애인들의 삶은 비참하기 짝이 없었다. 맹인의 경우 무속인이 되는 경우가 많았는데, 그나마도 부모가 돈이 있어서 훈련을 시킬 수 있는 처지여야만 가능한 일이었다. 그렇지 않은 대부분의 장애인들은 잘 먹고 입지도 못하며 소외된 삶을 살고 있었다.

홀 부인은 오석형의 딸이 앞을 보지 못한다는 사실을 알고, '이 곳에서 일을 시작할 기회가 비로소 왔구나. 그 애의 아버지는 기독교인이니 내 의도를 곡해하지 않겠지'[88]라고 생각했다. 홀 부인은 봉래를 가르치기 위해 기름종이에 바늘로 점을 찍어 일종의 점자를 고안해 냈다.

다행이 봉래는 매우 총명했고 배움에 열성적이어서 홀 부인의 점자 교육을 잘 따라 갔다. 홀 부인은 맹인 교육 분야를 더 공부하기로 결심했다. 그래서 맹인을 비롯한 장애인들이 이 세상에서 쓸모없다는 잘못된 편견을 깨뜨리고 싶었다.

남편의 죽음으로 뉴욕에 돌아와 있는 중에도 홀 부인은 점자 교육에 골몰하였다. 당시 미국에는 프랑스의 맹인교사가 개발한 점자책과 뉴욕 맹인 교육학원 원장이 개발한 '뉴욕 포인트'란 점자가 있었다. 여러모로 비교해 본 결과 뉴욕 포인트가 조선어에 가장 적당하다고 판단한 홀 부인은 이 책을 가져와 조선어에 맞게 고친 교재를 만들었다.

홀 부인은 한글 자음과 모음, 십계명과 '조선어기도서'를 점자법으로 복사했다. 빳빳한 기름종이에 바늘로 찍어 점자를 만들었다.

그리고 오봉래를 불러다 다시 교육을 시작했다. 자음과 모음을 점자로 익히기까지는 매우 오랜 시간이 걸렸으나 일단 한글 알파벳을 익힌 봉래는 홀 부인이 만든 교재들을 일년만에 모두 읽어냈다. 봉래는 점자로 글을 쓸 수 있게 되었고 자신이 점자 교습을 하기까지 이르렀다.

홀 부인은 여기서 그치지 않고 뜨개질도 가르쳤다. 봉래가 글을 읽고 행복해 하는 것을 본 병원 환자들은 다른 맹인 소녀들도 가르쳐 달라고 부탁해 왔고 마침내 조선에 첫 번째 맹인학교[80]가 생기게 되었다.

홀 부인은 맹인 학생들을 가르칠 수 있는 특수교사 양성에도 심혈을 기울였다. 맹인 교육의 첫 번째 학생이었던 봉래는 특수교사가 되어 다른 맹인들을 가르치게 되었다. 홀 부인을 그림자처럼 따라다니는 에스더도 홀 부인을 도와 맹아학교에서 점자교육을 하였으며 영어 교재를 한글로 번역하여 가르치는 한편 여자성경학원에서 누가복음과 위생에 관한 강의도 하였다.

'여성의 의료는 여성에 의해서'를 항상 주장했던 홀 부인이 조선에서 세운 가장 큰 업적은 박에스더로 상징되는 여성 의료인 양성 사업이었다. 그래서 보구여관에 의학훈련반을 만드는가 하면 간호사 양성반을 만들어 부족한 간호 인력을 메우려 하였다. 에스더는 이러한 홀 부인의 뜻에 따라 간호학교가 설립되었을 때 기꺼이 교육을 맡아 하였다.

고종황제로부터 은장 받다

에스더가 미국 볼티모어여자의과대학을 졸업할 때인 1900년 이화학당 출신인 하란사(河蘭史)도 미국 오하이오 웨슬리안 대학으로 유학을 갔다. 하란사는 웨슬리안 대학에서 영문과 과정을 마치고 학사 학위를 받아 1906년 귀국하였다. 우리나라 1호 여학사란 타이틀이 붙은 하란사는 이화학당에서 교편을 잡는 한편 사회 활동도 활발히 하였다. '호랑이 사감'으로 불릴 만큼 엄한 교육으로 여학생들을 훈육하고 향학열을 부추겼으며, 당대 남성 인사들과도 어깨를 나란히 하여 활동하였다. 특히 1911년 윤치호와 여성의 교육, 지위 등에 관하여 벌인 논쟁[16]은 당시 여권 의식이 어느 정도였는지를 가늠하게 한다. 그는 미국에서 열린 감리교 회의에 한국 대표로 참석하는 등 활동 무대가 넓었다. 미국에서는 교포들을 상대로 강연하여 기금을 마련해 정동교회에 우리나라 최초의 파이프오르간을 설치하는데 절대적인 역할을 하기도 하였다.

1907년에는 10년간의 일본 유학을 마치고 돌아온 여성이 있었다. 그는 대한자강회 부회장 등 구국운동의 지도자 역할을 한 윤효정(尹孝定)의 딸 윤정원(尹貞媛)이었다. 동경명치대학교 고등과를 마치고 2년간 더 머무르면서 교사실습까지 하고 온 윤정원은 마침 관립한성고등여학교가 창설되면서 초대교사가 되었다. 윤정원이 귀국한 즈음에는 여성들의 단체 활동이 꽤 활발해져 있었다.

여성계에서는 뒤늦게나마 외국 유학을 하고 돌아와 활발한 활동을 펼치고 있는 박에스터, 하란사, 윤정원을 위한 귀국 환영회를 개최하여 그들의 선구적인 역할을 표창하였다.

귀국 환영회는 1908년 4월 28일 '서궐'로 불리던 경희궁에서 열렸다.

고종황제도 참석한 이 환영회는 대한부인회, 자혜부인회, 한 일부인회, 그리고 각 여학교들이 연합하여 개최하였다. 중추원 의장인 김윤식이 임시 회장이 되어 개회사를 하였고 기념장을 세 여성에게 시상하였으며 고종황제는 이들에게 은메달을 걸어 주었다. 그리고 이옥경, 황매례, 이아하사 등의 부인과 유성준, 지석영, 최병헌 등의 남성들이 차례로 환영연설을 하였다.[91]

주빈 세 사람도 답사로 인사를 표시했으며 여학생들은 합창으로 이들을 축하해 주었다. 이것으로 미루어 짐작컨대 벌써 여성들의 사회 활동이 제법 활발해져 있음을 알 수 있다.

개화기의 세 여성 선구자들을 환영하는 이 귀국환영회는 여성들이 주최한 첫 공개 행사라는 데에도 큰 의미가 있었다. 이 행사에는 근 1,000명에 달하는 남녀 관중이 참가하여 열광적인 환영회가 되었다.

세 여성을 위한 귀국 환영회는 신문에서도 보도하였다.

"●歡迎會 盛況 夫人社會와 各女學校에셔 尹貞媛氏와 朴에쓰터氏와 河蘭史 三氏가 外國에셔 修業歸國ᄒ야 女子敎育에 從事

박에스더

홈과 生命에 勤務홈을 感服ᄒᆞ야 去月二十八日에 西闕에셔 歡迎會를 設ᄒᆞ고 三氏를 迎接ᄒᆞ야 禮式으로 擧行ᄒᆞ얏는데 其歷史와 順序를 觀ᄒᆞ건대 我國五百有餘年 婦人界에셔 外國에 留學ᄒᆞ야 文明ᄒᆞᆫ 智識으로 女子를 敎育홈은 初有ᄒᆞᆫ 美事라 女子學業이 從此發達됨은 可히 讚賀ᄒᆞ겟도다."

"환영회 성황 부인사회와 각 여학교에서 윤정원 씨와 박에스터 씨와 하란사 삼씨가 외국에서 수업을 받고 귀국하여 여자교육계에 종사함과 생명에 근무함을 감복하여 지난 달 28일 서궐에서 환영회를 열고 세 분을 영접하여 예식으로 거행하였다. 그 역사와 순서를 보건대 우리나라 오백여 년 부인계에서 외국에서 유학하여 문명한 지식으로 여자를 교육함은 처음 있는 아름다운 일이라 하지 않을 수 없다. 이에 여자의 학업이 점차 발달됨은 가히 칭찬하고 축하할 일이다."

세 여성의 외국 유학은 당시 한국 사회에서는 동경의 대상이었을 뿐만 아니라 국가적인 화제가 되기에 충분했다. 더욱이 최초

1909년 서울 혜화동에 있는 둘째언니 신마리아의 집에서. 오른쪽이 박에스더, 한 사람 건너 신마리아.

 박에스더

의 여의사가 되어 여성들의 건강과 교육에 헌신적인 활동을 해온 박에스더, 여성의 의식 개혁과 교육을 위해 엄한 스승을 자처한 하란사는 이화 교육의 목적이 성공적으로 이루어지고 있음을 알리는 훌륭한 본보기가 되었다.

박에스더의 메달 수상에 대해 홀 부인과 아들 셔우드 홀은 매우 기뻐했다. 에스더의 언니 신마리아와 동생 김베세도 자랑스러워했고 에스더 역시 뿌듯해 했다.[72]

그러나 이미 박에스더의 건강은 상할 대로 상해 있었다. 그의 남편을 앗아간 폐결핵과 힘겨운 싸움을 벌이고 있었던 것이다.

34년간 타오른 불꽃 사그라들다

에스더에게 있어서 '한국 최초 여의사'라는 타이틀은 영예이자 과중한 부담이었다. 당시 조선의 여성들이 병원에 가서 진료를 받을 수 있게 된 것은 불과 10년 남짓했다. 그나마 말도 잘 안 통하는 외국인 의사에게 진찰과 치료를 받다 보니 서로 불편하기 짝이 없었는데, 이제 말도 잘 통하고 같은 여성에게 진찰을 받을 수 있게 되니 여성 환자들은 너도 나도 박에스더를 찾아 왔다.

의사가 되어 귀국하자마자 보구여관에서 수천여 건의 진료를 했고 평양에서도 홀 부인과 함께 10개월만에 3천여 명의 환자를 치료했으니, 그야말로 초인적인 기록이었다. 이렇게 많은 환자를 치료했다는 것은 곧 그 많은 환자들이 가지고 있는 병균에도 그만큼 많이 노출되어 있다는 뜻이다. 특히 폐결핵이 나라 전체에 만연돼 있었으나 치료약이 개발되지 않은 상태여서 난치병으로 인식 될 때였다.

에스더는 아침부터 저녁 늦게까지 쉬는 날도 없이 의료 활동을 했을 뿐 아니라 방방곡곡 찾아다니며 진료하고 보건위생 교육, 전도사업, 계몽 활동까지 그야말로 강행군을 해야 했다. 홀 부인이 애써 온 맹인 교육에도 같이 했고 간호학교에서의 강의도 게을리 하지 않았다.

아무리 20~30대의 한창 나이라 해도 여성으로서는 소화하기 힘든 일과를 치르다 보니 피로가 누적되었고, 결핵균에 저항할 만한 면역력도 떨어져 있었다.

1905년부터 에스더의 건강에 이상이 왔다. 열과 급성늑막염 등 폐결핵 초기 증상이 나타나기 시작했다. 하지만 에스더는 계속 강행군을 하였다. 결국 그 해 7월 에스더는 몸져누웠고 2개월 동안 병원 문을 닫아야 했다.

그래도 별 차도가 없자 에스더는 중국 남경으로 요양을 떠났다. 남경에서 휴양하면서 병세가 많이 호전되기는 했으나 완전히 회복되지는 않았다. 에스더가 남경으로 요양을 간 사실은 1905년 여름 볼티모어 여자의과대학의 의료사회과 책임교수인 루이스 박사(Dr. Lewis)에 의해서 밝혀졌다. 루이스 박사는 볼티모어 여자의과대학의 그간의 활동을 되돌아보면 여자 의과교육의 성과를 증명할 수 있으리라 생각하여, 모든 졸업생들에게 졸업 이후의 활동과 체험담을 적어 보내달라는 편지를 보냈는데, 에스더가 답장을 보내옴으로써 그가 남경에서 휴양했음이 확인된 것이다.[93]

하지만 휴양에서 돌아온 후에도 바로 의사 생활을 할 수는 없었다. 1907년에 겨우 건강을 되찾기 시작하면서 홀 부인을 도와 수술이나 응급 상황에 겨우 참여할 수 있을 뿐, 정규 업무는 할 수가 없었다.

1906년 광혜여원과 에디스 마거리트 기념 어린이 병동이 화재로 재만 남게 되자 홀 부인은 홀 기념병원 건너편에 벽돌과 화강암으로 된 새 건물을 지었다. 붉은 벽돌 건물에 수도 장치와 온수, 난방 시설이 완비된, 당시 평양에서는 처음 생기는 혁신적인 병원이었다. 새 병원은 1908년 10월에 완공되었다. 몸을 추스른 에스더는 정규 진료를 다시 하기로 하였다. 에스더는 오전에, 홀 부인은 오후에 환자를 보는 것으로 정하였는데, 몇 주 지나지 않아 오전 진료도 할 수가 없게 되었다. 에스더가 다시 아프기 시작한 것이다. 이후로 에스더는 더 이상 환자를 볼 수 없었다. 대신 에스더는 성경 교육, 주일학교, 번역 등 선교사로서의 역할을 마지막까지 놓지 않았다.[94]

그러나 그마저도 할 수 없을 만큼 에스더의 병세는 더욱 악화되고 있었다. 일상적인 생활도 하기 힘들게 되자 에스더는 서울에 사는 둘째 언니 신마리아의 집으로 들어가 병상 생활을 하게 되었다.

그리고 1910년 4월 13일, 과로로 쇠약해질 대로 쇠약해진 에스더는 끝내 결핵을 이기지 못하고 생을 마감하고 말았다. 서른넷의 나이. 1886년 이화학당에 들어가 신교육을 받은 지 24년만이었고, 1900년 미국에서 의학사(M. D.) 학위를 받은 지 10년만이었다. 인생으로서도 황금기였고 의사로서도 이제 막 실력을 발휘하려 할 때인 서른넷에 그는 서둘러 하늘나라로 떠난 것이다.

에스더의 삶은 어릴 적 하나님 앞에서 무릎 꿇고 서원한 대로 봉사와 사랑, 헌신과 개척으로 이어졌다. 그는 이 나라 여성들을 깨우치기 위하여, 이 세상에 복음을 전하기 위하여, 극히 짧은 생이었지만 자신을 불꽃처럼 활활 태우고 사라져 갔다.

"그녀는 날이면 날마다 나에게 새로운 인생을 배우게 한다. 나는 그녀를 정말 사랑한다"며 에스더를 자랑스러워했던 홀 부인에게도 에스더의 죽음은 크나큰 슬픔이었다. 영어 잘하는 소녀 통역사로 만나 자신의 의료 활동을 돕는 보조원이 되었고, 자신에게 의학 훈련을 받으며 의사의 꿈을 키워 마침내 동료 의사로 성장하기까지의 과정을 옆에서 지켜보았던 그이기에 에스더의 죽음은 친여동생을 잃은 슬픔 이상이었다. 이미 조선에서 남편과 어린 딸아이를 잃고 이제 에스더까지 보내게 되었으니 한 인간으로서 홀 부인의 삶은 결코 평탄한 것은 아니었다.

에스더를 이모처럼 따랐던 셔우드 홀에게도 에스더의 죽음은 '가슴이 찢어지는 것 같은' 충격이었다. 한 가족이나 다름없이 함께 살면서 저녁이면 감미롭고도 선율 있는 목소리로 소설이나 시를 낭송해 주던 에스더였다. 그런 에스더가 제대로 된 시설에서 변변한 치료 한 번 못 받고 떠난 것이 못내 안타까워, 셔우드 홀은 폐결핵 퇴치에 앞장서기로 결심하게 된다.

"에스더를 앗아갔고 그녀가 사랑한 수많은 동족들의 생명을 앗아간 병, 나는 이 병을 퇴치하는데 앞장서기로 결심했다. 나는 반드시 폐결핵 전문 의사가 되어 조선에 돌아올 것과 결핵요양원을 세우기로 굳게 맹세했다. 이 맹세를 실천하기 위해 4년 전 닥터 하디가 내 마음에 깊이 새겨준 말을 수없이 되새겼다.

'높은 이상과 고상한 동기도 영적인 힘이 없다면 실천하기에 미흡하다.'"

그때까지만 해도 사업가를 꿈꾸던 셔우드 홀은 미국으로 가서 마운트유니온 대학을 나와 1923년 캐나다 토론토대학 의과대학에 들어가 본격적인 의사 수업에 돌입하였다. 1923년 졸업한 후 필라델피아에서 인턴 과정을 거친 후 다시 한국으로 돌아와 초지일관 결핵 퇴치 사업에 앞장서게 된다. 셔우드 홀은 재정적 어려움과 행정적 어려움 등 수많은 난관을 헤치고 1928년 10월 황해도 해주에 결핵요양원을 세웠다. 한국 최초의 결핵 전문 병원이었다. 이어 결핵요양학교, 결핵환자 위생학교 및 요양원을 운영하며 직접적인 결핵 퇴치에 몰두하였다. 뿐만 아니라 결핵 퇴치를 위한 재정 문제를 해결하기 위하여 한국에 크리스마스 씰을 도입하기도 하였다.

이후 1940년 일제에 의해 스파이로 몰려 인도로 떠날 때까지 셔우드 홀은 에스더와 수많은 조선인들의 목숨을 앗아간 결핵을 퇴치하기 위하여 전심전력을 다하였다.

이런 셔우드의 홀의 고군분투는 어느 정도 효과가 있어 차츰 이 땅에서 결핵이 물러나게 되었다.

박에스더

주석

55 닥터 셔우드 홀, 《닥터 홀의 조선회상》 김동열 역, 도서출판 좋은 씨앗, 2013, p.104

56 위 책 p.110~113

57 위 책 p.125~126

58 〈The Story of the First Korean Woman Doctor〉, 《The Gospel in All Lands》1899, June, p.269~270

59 Rosetta S. Hall, 《The Life of Rev. Willian James Hall, M.D.》 Press of Eaton & Mains, 1897, p.392~395. 이방원, 〈박에스더의 생애와 의료선교활동〉 p.198에서 재인용

60 원문에 'strange word'라고 표현한 이 말은 결혼을 뜻하는 것으로 해석된다.

61 이화학당 교사로 로제타 셔우드와 함께 조선에 파견된 벵겔(Bengel)을 말하며, 존스 목사와 결혼하여 존스 부인이 되었다.

62 메이 한나(May B. Hanna)를 말하며 이화학당에서 음악을 가르쳤다. 남편 헐버트(Homer B. Hulbert, 1863~1949)는 육영공원 교사로 한국과 인연을 맺은 후, 한국 YMCA 창설, 고종황제 밀사로 헤이그 파견, 우리나라 역사서 저술 등 한국인보다 더 한국을 사랑한 교육자이자 선교사였다. 1948년 대한민국 정부 수립 후 이승만 대통령의 초청으로 한국에 왔다가 별세하였다. 헐버트는 유언대로 '웨스터민스터가 아닌 한국 땅'에 잠들어 있다.

63 〈The Story of the First Korean Woman Doctor〉《The Gospel in All Lands》1899, June, p.270

64 〈The Story of the First Korean Woman Doctor〉《The Gospel in All Lands》1899, June, p.270

65 한국 최초의 개신교 목사 김창식(1857~1927) 목사를 말한다. 김창식 목사는 영아소동의 진상을 확인하려 올링거 목사의 잡부로 들어가 선교사의 일거수일투족을 감시하였으나 오히려 감화를 받아 세례를 받고 미감리회 조선선교회에서 정식으로 임명한 전도인이 되었다. 이후 닥터 홀의 개인비서 겸 조사가 되어 평양으로 갔다가 수구파인 평양 관찰사 민병석의 박해로 고문을 받고 사형수 감옥에 투옥되었다. 닥터 홀 등 선교사들의 요청으로 미국과 영국의 총영사가 항의를 하여 가까스로 풀려났다. 사형수 감옥에서 살아 나온 사람은 그가 처음이었다. 닥터 홀을 도와 평양 선교를 돕던 김창식 목사는 닥터 홀 사후에도 변함없이 선교활동을 펼쳤으며 정식 목회자 수업도 받았다. 그는 한국인 최초로 김기범과 함께 집사 목사 안수를 받은 후 '순행 사역자'로서 서북지방을 돌며 사역 활동을 해 '길 위의 목사', '민중 전도인', 또는 '조선의 바울'로 불리었다. 그의 아들 김영진과 딸 김로다는 의사가 되었는데, 특히 김영진은 닥터 홀의 아들 셔우드 홀과 함께 해주노튼기념병원(구세병원)에서 근무하여 대를 이은 인연을 맺었다. 평양에서 기독교를 개척한 두 사람의 아들들이 다시 만나 하나님께 봉사할 수 길을 터주신 놀라운 섭리가 느껴지는 대목이다.

66 닥터 셔우드 홀, 《닥터 홀의 조선회상》 김동열 역, 도서출판 좋은 씨앗, 2013, p.151

67 위 책 p.160

68 닥터 셔우드 홀, 《닥터 홀의 조선회상》 김동열 역, 도서출판 좋은 씨앗, 2013, p.174~175

69 현재의 존스홉킨스 대학교

70 박혜선, 《김점동 조선의 별이 된 최초의 여의사》 청어람 미디어, 2011. p.71

71 중국 명나라 사신을 맞이하던 모화관(慕華館) 앞에 세워져 있던 문으로 곧 중국에 대한 사대주의의 상징이었다.

박에스더

72 독립신문 1896년 10월 24일자. 이덕주, 〈한국감리교 여선교회의 역사〉 기독교대한감리회 여선교회전국연합회 p.210에서 재인용

73 《Koreean Repository》 1896년 5월호

74 〈The Story of the First Korean Woman Doctor〉《The Gospel in All Lands》 1899, June, p.272

75 W. Milton Lewis, M.D., 〈The Graduates of the Woman's Medical College of Baltimore and Their Work〉 p.8. 이방원, 〈박에스더의 생애와 의료선교 활동〉《의사학(醫史學)》 제16권, 2007년 12월호, p.202에서 재인용

76 허인욱 · 박기찬, 《볼티모어 지역 한인사》 2004. p.5

77 〈Role of Missionaryh Workers in Korea〉《Fifty Years of Light》 1938, p.116~120. 김성은, 〈로제타 홀의 조선여의사 양성〉 p.10에서 재인용

78 〈Woman's Medical Work, Pyeng Yang.〉《The Korea Woman's Conference》 1904년 6호, p.48

79 "The Graduates of the Woman's Medical College of Baltimore and Their Work" W. Milton Lewis, M.D., p.8~9. 이방원, 〈박에스더의 생애와 의료선교 활동〉《의사학(醫史學)》 제16권, 2007년 12월호, p.205 재인용

80 닥터 셔우드 홀, 《닥터홀의 조선회상》 김동열 역, 도서출판 좋은 씨앗, 2013. p.216~217

81 이방원, 〈박에스더의 생애와 의료선교 활동〉《의사학(醫史學)》 제16권, 2007년 12월호, p.204

82 Esther K. Park, 〈Chong Dong Dispensary, Seoul〉《The Korea Woman's Conference》

1902. 4:6.

83 Mattie Wilcox Noble, 〈Pyeng Yang Church and Bible Institute:〉《The Korea Woman's Conference》1904. 6호 44./ Rosetta Sherwood Hall., 〈Medical-Evangelistic Work for Women, Pyeng Yang〉《The Korea Woman's Conference》1905. 7호, 50/ Mattie Willcox Noble, 〈Report of Evangelistic Work, Bible Institutes, and Three Day Schools, Pyeng Yang〉《The Korea Woman's Conference》1906. 8호 61, 1907. 9호 47-48, 1909. 11호 62/ 〈Woman's Medical Work, Pyong Yang〉《The Korea Mission Field》1909. 5-7, 109-111.

84 〈Esther K. Pak, Whang Hai Do Circuit〉《The Korea woman's Conference》1904. 6호 46.

85 박에스더의 증조카 박문희(이화여고 1952년 졸업, 서울대 정치학과 졸업, 한국걸스카웃연맹 이사 역임) 씨 증언.

86 〈Esther K. Pak, Whang Hai Do Circuit〉《The Korea woman's Conference》1904. 6호 47.

87 위 글. 46~48.

88 《닥터 홀의 조선회상》, 닥터 셔우드 홀 저, 김동열 역, 도서출판 좋은 씨앗, 2013, P.161

89 평양여학교에 맹인반을 추가하여 만든 이 학교의 이름은 처음에 평양여맹학교였다. 1909년 농아학교도 세우면서 이름을 평양맹아학교로 바꾸었다.

90 영문 선교잡지 《The Korea Mission Field》1911년 7월호에 윤치호가 〈기술 교육의 필요성〉이 란 글을 발표하면서 "신학교 학생들은 요리하는 법을 모른다. 바느질 하는 법, 옷감을 자르고 빨고 다리미질 하는 법도 모르며, 어떤 땐엔 시어머니에게도 순종치 않으며 대체로 집안 살림하는 법을 모른다."고 한 것에 대한 반박으로 하란사는 같은 잡지 12월호에 "두 가지 가정일에 대한 불평이 타당하다고 인정할지라도 다음 사실만은 꼭 알아 두어야 할 것입니다. 미국이나 유럽에서는 정규 고등학교 졸업생이 그저 요리나 바느질하는 법을 알게 되기를 바라

박에스더

지는 않고 있다는 사실입니다. 또 한 가지 알아야 할 사실은 그 학교들의 목적과 방향은 슬기로운 어머니, 충실한 아내 및 개화된 가정주부가 될 수 있는 신여성(New type of woman)을 배출하는 것이지 요리사나 간호원, 침모를 배출하는 것이 아니라는 점입니다."라는 글을 썼다.

91 이효재, 〈구국을 위한 여성의 사회참여〉 p.77

92 박에스더의 증조카 박문희 씨 증언.

93 이방원, 〈박에스더의 생애와 의료선교활동〉, 《의사학(醫史學)》 제16권, 2007년 12월호 p.209

94 Zola Payne, 〈Medical Educational Work for Woman〉, 《Fifty Years of Light》 1938. p.99~100. 위 논문 p.209 재인용

95 닥터 셔우드 홀, 《닥터 홀의 조선회상》 김동열 역, 도서출판 좋은 씨앗, 2013. p. 242

/ 에필로그 /

또 다른 김점동을
기다리며

박에스더가 떠나고 한 달쯤 후인 1910년 5월 27일 청년회관에서는 그의 업적을 되새기는 추도회가 열리기도 하였으나 후손이 없이 너무 일찍 마감한 박에스더의 생은 일제강점기, 한국전쟁 등 격동의 세월을 지나며 잠시 역사의 뒤안길로 비켜나 있었다.

박에스더가 다시 우리에게 다가온 것은 2006년이었다. 과학기술부와 한국과학기술한림원이 매년 역사상 위대한 과학기술인을 헌액하는 '과학기술인 명예의 전당'(www.kast.or.kr/HALL)에 김점동이 오르면서이다.

"… 구한말 한국인 가운데 서양의학을 공부하여 의사가 된 사람은 매우 적었다. … 서재필, 김익남 두 사람만이 1900년 이전에

에필로그

의학교를 졸업했으니 김점동의 의학교 졸업이 단지 여성이라는 사실을 넘어서 한국 의학 전체에서도 높이 평가할 만하다. 게다가 이 시기 한국인 여의사는 김점동 뿐이었다. 또한 최초의 여성과학자이기도 했다. 척박한 구한말의 풍토에서 여성으로서 과학과 의학교육의 꿈을 키워 이를 실현한 것은 참으로 기적 같은 일이다. 그것은 오늘날까지도 여성 과학도, 여성 의학도의 꿈을 키우는 학생들에게도 귀감이 될 만하다. 또한 의사가 되어 귀국한 후 수많은 우리나라 여성 환자의 질병과 생명을 구한 그의 의술도 시대를 초월한 위대한 활동으로 평가할 수 있다."고 김점동이 과학기술인 명예의 전당에 오르게 된 의의를 설명하고 있다.

또한 이화여자대학교 의과대학동창회에서는 2008년부터 '자랑스러운 이화의인(梨花醫人) 박에스더상'을 마련하여 그를 기리고 있다. 영광의 수상자들은 박에스더의 정신을 이어 받아 자신의 역경을 이겨내고 어렵고 소외된 사람을 위하여 사랑과 나눔의 의술을 펼친 사람들이다.

세계에서 처음으로 여의사가 탄생한 것은 1849년, 그 후 반 세

기만에 우리나라에도 여의사가 탄생한 것이니 전문직으로서 우리나라 여의사의 역사는 꽤 길다고 할 수 있다. 그 긴 역사만큼 양적으로나 질적으로나 우수한 여의사들이 박에스더의 뒤를 잇고 있는 것은 참으로 바람직한 일이다. 1910년 이후 일본으로 유학 간 여학생들 중 의학을 전공하는 숫자가 가장 많았다[16]는 사실에서 알 수 있듯, 박에스더가 남기고 간 영향은 의외로 크다.

2011년 말 현재 우리나라 여성 전문의 수는 1만2618명으로 전체 의사의 18.6%[17]를 차지하고 있다. 여자 의대생들의 수도 증가하고 있어 여의사의 수는 계속 늘어날 것이다. 여의사들의 모임인 한국여의사회는 1956년 조직되었는데 창립 당시 650명에 불과하던 여의사 수가 현재는 1만2780명으로 비약적인 성장을 보이고 있다.

비뇨기과, 흉부외과, 신경외과와 같이 남성 전역으로만 여겨진 분야에도 여의사의 진출이 활발하며 학술 분야에서도 여의사들의 활약상이 두드러지고 있다. 의사협회의 전국 회원 실태 조사 보고서에 따르면 여성 박사학위 취득자의 비율은 12.3%로 매년

에필로그

약간씩 증가하고 있다. 뿐만 아니라 주요 학술상과 논문상 수상자 명단에서 여의사들의 이름을 쉽게 발견할 수 있다.

김점동의 모교 이화여자고등학교에서는 1966년부터 매년 창립기념일에 국내외 각 분야에서 훌륭한 공적을 쌓거나 탁월한 능력을 발휘하여 이화의 영예를 드높인 졸업생에게 이화기장, 자랑스러운 이화인, 이화를 빛낸 상을 수여하고 있다.

아이러니 하게도 김점동은 아직 수상자 명단에 오르지 못하고 있다. 우리나라 최초 여의사이자 선교사, 여성 계몽가로 자신의 몸은 헌신짝처럼 팽개치고 나라와 민족을 위해 헌신한 박에스더의 업적을 감히 '이화를 빛낸 상'으로 다 기릴 수는 없다는, 깊은 뜻이 숨어 있으리라 애써 자위해 본다. 대신 많은 후배들이 그의 뒤를 따라 이 나라를 구하고 이화를 빛내고 있음을 하늘나라에서 흡족하게 내려다보고 있을 것이라 상상한다.

2013년 5월 1일에는 김점동을 추모하는 특별한 예배가 모교에서 열렸다. '이화학사 김점동관'이라 이름 붙인 기숙사 봉헌예배였다. 이 자리에 참석한 이화 졸업생들은 이 기숙사에서 길린 이화인 중에 또 다른 김점동이 탄생할 것을 기원하는 간절한 기도를 올림으로써 이화의 대선배 김점동을 기렸다.

오늘도 이화학사 김정동관은 대선배의 뒤를 이으려 열심히 공부하는 학생들의 열기로 뜨겁게 달아오르고 있다.

에필로그

2013년 개관한 이화여고 기숙사 '이화학사 김점동관'. 제2, 제3의 김점동의 탄생을 기다리고 있다.

주석

96 매일신보, 1916년 5월 24일자, 1917년 3월 9일자

97 건강보험심사평가원의 〈최근 5년간(2007~2011년) 인력 및 시설 현황〉에 따르면 2011년 말 현재 전문의의 남녀 성별 현황은 남성이 5만1843명으로 80.4%이며 여성 1만2618명으로 19.6%를 차지하고 있다.

에필로그

대선배의 전기를 쓰게 하신
주님의 그 깊은 뜻은

우리나라 최초의 여의사 김점동.

내가 김점동을 처음 만난 것은 2011년. 이화여자고등학교 총동창회 창립 100주년을 맞아, 고혜령 당시 동창회 부회장과 함께 특별 전시회를 준비하면서부터였다.

분명 이화에서 3년간 공부하였고, 명색이 역사학을 전공하였음에도 김점동이란 인물은 생소하였다. 다만 박에스더는 한번쯤 들어본 이름이었다. 전시회를 준비하면서 이화여자고등학교에서 편찬한 《梨花百年史 1886~1986》와 서적, 여러 단편적인 자료를 통해 김점동이라는 인물에 점점 빠져 들어갔다.

특히 치마저고리 입은 조선의 소녀 김점동이 이화학당에 들어가 기독교를 받아들이고 김에스더가 되는 과정에서는 하나님의 섭리를 느꼈으며, 보구여관의 의사로 파견된 로제타 셔우드를 만나 의사가 되기로 결심하고 박에스더가 되어 미국 유학을 떠날 때는 이화 교육의 힘을 느낄 수 있었다.

그러나 한 주제에 대해 직접 당사자의 견해를 묻거나 취재를 통해 확인된 사실만을 바탕으로 하여 단편적인 기사만 쓰던 내게 위인의 일대기를 쓴다는 것은 몹시 버거운 일이었다.

동시대에 살지도 않았고, 그 분이 남긴 자료도 변변하지 않은 상태에서 나의 부족한 추리력은 한계를 보였으며, 내 자신 남들이 가지 않은 길을 개척해 나간 선구자가 아니었으므로 그 분의 높은 정신과 숭고한 삶의 철학을 헤아리기란 참으로 쉽지 않았다.

미감리회 해외여선교회에서 파견된 선교사들의 보고서와 대를 이어 의료 선교를 한 셔우드 홀의 자서전에 의존해 겨우 김점동의 일면을 엿볼 수 있었으나, 이 순간까지도 아쉬운 것은 김점동을 직접 만나 속 시원히 인터뷰할 수 없다는 점이다.

처음 이 글을 쓸 때만 해도 가상 인터뷰 형식으로 써내려 갈 생각이었다. 그러나 엉터리 소설로 변하여 그 분의 생애에 흠집을 낼 수도 있겠다는 생각에 그만두어야 했다. 결국, 잡지 기사 형식을 빌었으나 어줍잖은 논문이 돼버린 것 같아 걱정이 앞선다. 무엇보다 내가 이미 그려 놓은 그림에 김점동을 짜맞춘 것은 아닌지, 그래서 그 분이 잘못 묘사되지는 않았는지가 가장 우려되는 부분이다. 만일 그렇다면 유족들에게 너그러운 양해를 부탁드린다.

"지금 포기하면 내겐 그 어떤 기회도 없다는 것을 잘 안다. 그러므로 그것이 신의 뜻이라 해도 의사 공부를 포기할 생각이 없다. 나는 최선을 다해 노력할 것이며 최선을 다하고 있다. 배우지 못한다면, 그때는 포기할 수밖에 없다."며 미국 유학의 어려움을 이겨낸 김점동의 굳은 의지를 가슴에 새기며 겨우 이 글을 마칠 수 있었다.

이화 인물사 연구는 2011년 동창회 백주년 기념사업이 계기가 되어 동창회 사업으로 거론되었다. 백주년 기념 전시회에 선정

된 '이화의 여웅(女雄)', 즉 우리나라 최초 여의사 김점동, 최초 여학사 하란사, 순국열사 유관순에 대한 연구를 하기로 하고 그 첫 번째로 김점동의 전기를 쓰게 되었다. 하지만 여러 사정으로 책이 늦게 나오게 되어 송구스럽기 짝이 없다.

"네 시작은 미약하나 그 끝은 창대하리라"는 성경 말씀에 용기를 내어 좀 더 완성도 있는 김점동 연구서를 동창회에 헌정할 것을 약속드린다.

동창회 실행임원의 한 사람에 불과한 나에게 이화 인물사라는 의미있는 작업에 참여하는 기회를 주시고 용기를 불어넣어 주신 송보경 회장님께 감사 드리며 누가 되지 않기를 바라는 마음 간절하다. 또 글의 방향을 정하는데 많은 지도와 감수를 해주신 고혜령 선생님과 이자형 부회장님, 격려를 아끼지 않은 실행임원 여러분께도 진심으로 감사의 말씀 드린다.

끝으로 나로 하여금 이화의 대선배의 전기를 쓰게 하신 하나님의 그 깊은 뜻이 과연 무엇인지, 지금부터 공부해 보려 한다.

2014년 12월
최 혜 정

김점동의 생애

1877. 3. 16	서울 정동 부근에서 출생. 본관은 광산 김(金), 본명은 점동(點童)
1886. 11.	이화학당 입학
1890.	의사선교사 로제타 셔우드의 통역 담당. 의학 공부 시작
1891. 1. 25	올링거(F. Ohlinger)목사에게 세례 받음. 세례명 에스터(Esther)
1893. 5. 24	닥터 홀 부부의 중매로 박유산과 결혼
1894. 5.	닥터 홀 부부를 따라 평양에서 의료보조, 간호 활동
1894. 11.	닥터 홀의 사망으로 귀국하는 홀 부인을 따라 남편과 함께 도미(渡美)
1895. 2.	미국 뉴욕 리버티공립학교 입학
1985. 9.	뉴욕시 유아병원(Nursery and Child's Hospital) 취업
1896. 10.	볼티모어여자의과대학(Woman's Medical College of Baltimore-현재 Johns Hopkins 대학) 입학
1900. 6.	남편 박유산 폐결핵으로 사망
1900. 6.	한국 여성 최초 의학사 학위(M.D.) 취득
1900. 11.~1910. 4.	귀국 후 홀 부인과 의료 활동 시작
	보구여관 여의사로 한국 여성 전담 진료
	평양 홀 기념병원과 황해도 평안도 일대 순회 무료 진료사역
	평양 광혜여원 신축에 기여
	한국 최초 간호사양성소 개설에 기여
	평양맹아학교와 여자성경학원 교수로 활약
1909. 4. 28	'해외 유학 여성 환영회'에서 하란사와 함께 은장(銀章) 수상
1910. 4. 13	34세에 폐결핵으로 사망

김점동의 생애

참고 문헌

- 닥터 셔우드 홀, 《닥터 홀의 조선 회상》 김동열 역, 도서출판 좋은 씨앗, 2013년
- 이배용·이현진, 《스크랜턴 - 한국 근대 여성 교육의 등불을 밝히다》 이화여자대학교출판부, 2008년
- 이만열, 《한국기독교의료사》 아키넷, 2007년
- 이용남, 《복음에 미치다》 두란노, 2014년
- 기독교대한감리회 상동교회, 《상동교회를 중심으로 활동한 나라와 교회를 빛낸 이들》 1988년
- 이순우, 《정동과 각국 공사관》 하늘재, 2012년
- 김정동, 《고종황제가 사랑한 정동과 덕수궁》 발언, 2004년
- 고춘섭, 《하늘과 땅 사이에서》 2001년
- 박혜선, 《김점동 조선의 별이 된 최초의 여의사》 청어람미디어, 2011년
- 홍당무, 《희생의 길을 간 조선 최초의 여의사 박에스터》 파란자전거, 2005년
- 이화여자고등학교, 《梨花百年史(1886~1986)》 1994년
- 이화여자대학교, 《梨花百年史(1886~1986)》 1996년
- 이덕주, 《한국감리교 여선교회의 역사》 기독교대한감리회 여선교회전국연합회, 1992년
- 미국 매릴랜드한인회, 《볼티모어지역 한인사》
- 《The Gospel in All Lands》 1899년 6월
- George Heber Jones, 《The Korea Mission of the Methodist Episcopal Church》 Board of Foreign Missions of M.E.C., 1910년
- Charles A. Sauer, 《Within the Gate》 서울 YMCA Press, 1934년
- 《The Korea Mission Field》
- 《The Korean Repository》
- 《Annual Report of the Women's Foreign Missionary Society of the Methodist Episcopal Church》

불꽃처럼 살다간 梨花人
한국 최초의 여의사 김점동
큰 별 되어 조선을 비추다

1판 1쇄 발행 2014년 12월 15일
1판 4쇄 발행 2018년 5월 20일

발행인 이자형
발행처 이화여자고등학교 총동창회 (www.ewha1886.net)
　　　주소 서울시 중구 정동길 26(정동) | 전화 02-752-3364 | 팩스 02-775-2890

지은이 최혜정
펴낸곳 초이스북
출판등록 2009년 12월 9일 제300-2015-123호
전화 02-720-7773 | 팩스 02-720-7760 | 이메일 choisbook@gmail.com
디자인 올디자인
인쇄 올앤피앤비

저작권자 ⓒ2014 by 이화여자고등학교 총동창회
이 책의 저작권은 이화여자고등학교 총동창회에 있습니다. 저자와 출판사의
허락 없이 내용의 일부를 인용하거나 발췌하는 것을 금합니다.

ISBN 979-11-86204-00-9 03990
값 10,000원